Wilhelm Jörn

Samuel Hebich

der große Seelengewinner

Züge aus seinem Leben und Wirken

Verlag der
St.-Johannis-Druckerei
C. Schweickhardt
Lahr-Dinglingen

CIP-Kurztitelaufnahme der Deutschen Bibliothek

Jörn, Wilhelm:
Samel Hebich : d. große Seelengewinner ; Züge aus seinem Leben u. Wirken / Wilhelm Jörn. – 3. Aufl. d. Taschenbuchausg., 42.–45. Tsd. – Lahr-Dinglingen : Verlag der St.-Johannis-Druckerei Schweickhardt, 1987.
(TELOS-Bücher ; Nr. 493 : TELOS-Taschenbuch)
ISBN 3-501-00354-4
NE: GT

ISBN 3 501 00354 4
TELOS-Bücher
TELOS-Taschenbuch Nr. 493
3. Auflage der Taschenbuchausgabe · 42.–45. Tausend

Umschlagbild: Archiv
Gesamtherstellung:
St.-Johannis-Druckerei, 7630 Lahr-Dinglingen
Printed in Germany 9285/1987

Der Heimatboden

Wo wuchs die markige Gestalt, die vor unserem Auge steht, wenn wir an Samuel Hebich denken, den unerschrockenen Zeugen Gottes und warmherzigen Freund der Menschen?

Der Rationalismus hatte die Zeit nüchtern und dürr gemacht, die diesen Auserlesenen unter den Evangeliumsboten hervorbringen sollte. Und der alternde Vater unseres Samuel hielt es für ausreichend, dem Sohn die kuriosesten Stellen aus den Klassikern nebst den poetischen Partien des Alten Testaments liebzumachen.

Ein streitbarer Held war der Vater Samuels, der als Pfarrer in Nellingen, einem Albdörfchen im Ulmer Gebiet, seine kleine Herde auf seine eigene Art weidete. Von Erlangen her hatte er eine besondere Vorliebe fürs Fechten mitgebracht, und ob er auch nicht groß war, zwang er doch fast regelmäßig die behenden Offiziere in die Ecke, wenn sie bei ihm im Quartier lagen und mit ihm einen Gang in seinem Studierzimmer wagten. Die Bauern seiner Gemeinde hatten ihre Freude an dem mannhaften Hirten, der das Schwertspiel so bewunderungswürdig verstand und jederzeit nach dem rächenden Eisen zu greifen bereit war, wenn irgendeins seiner Herde in Gefahr kam.

Freilich, die Leidenschaft für Seelengewinnung, die seinen Samuel später auszeichnete, suchen wir vergeblich bei ihm. Das geistliche Rittertum zählte ihn nicht in seinen Reihen. Das Studium der alten Klassiker ging ihm über das Studium der Heiligen Schrift. Freiheit, Tugend und menschliche Größe waren die Ideale, denen er zustrebte. Als er Weihnachten 1827, 80 Jahre alt, starb, fand sich, so wird erzählt, ein Band des heidnischen Dichters Horaz in seinem Bett, aber nicht das Buch der Bücher.

Ihm nun wurde am 9. April 1803 unser Samuel

geboren. Es freute den kleinen, behenden Mann ungemein, daß seine energische Gattin ihn mit lauter Söhnen — sieben an der Zahl — beschenkte, von denen jeder eines Hauptes länger war als er selbst. Samuel, als der vierte, schlug etwas aus der Art durch seine Friedensliebe, die ihn zu etlichen der Brüder in ziemlichen Gegensatz brachte.

Während die Brüder als Offiziere und Kaufleute sich durch die Welt zu schlagen suchten, hätte der Vater aus dem sanftmütigen Samuel gern einen Prediger gemacht; aber das geistliche Amt warf nicht so viel ab, den Jungen zur Stadt in die Schule schikken zu können. So übernahm es der Vater selbst, ihn zu unterrichten. Er wurde in das Lateinische, Französische und in die Religion eingeführt nach der eigenen Methode des Vaters, der hauptsächlich auswendig lernen ließ und nur auf Fragen des Sohnes hin Erklärungen gab. In der Bibel wurden die Psalmen und Propheten vorgenommen. Im Neuen Testament hat der Vater nie mit dem Sohn gelesen.

Eins aber hat sich dem jungen Samuel tief in die zarte Seele geprägt. Sooft der Name Jesus genannt wurde, nahm der Vater ehrerbietig sein Samtkäpplein vom Kopf. Aber auch ein anderes hat er nicht vergessen. Er hörte einmal einer Unterredung zu, die der Vater mit einem älteren Sohn hatte, in der der alte Pfarrer sagte, der Bibel sei natürlich nicht in allen Stücken zu glauben, aber um des Volkes willen halte man sich an die alte Lehre. Diese Bemerkung erfüllte den empfindsamen Knaben mit großer Unruhe. Er dachte später, er müsse seinen Vater mißverstanden haben. Durch sein ganzes Leben begleitete ihn die Erinnerung an das ehrfurchtsvolle Benehmen und das geringschätzige Wort des Vaters. Er konnte diesen Widerspruch in der Leitung seiner Jugend nicht verstehen.

Er selbst schreibt aus seiner Jugendzeit einmal: „Da

mein braver Vater schon alt war, fühlte er sich matt und war nicht sehr geneigt, den Unterricht weit auszudehnen, daher auch meine (in Nellingen) eingesammelten Kenntnisse höchst mangelhaft waren. Ich war von meiner Jugend auf still und sanft und genoß die Liebe aller Menschen. Meine junge Seele ahnte oft in himmlischer Wonne ein höheres Leben und ließ mich im heiteren Himmel eine Herrlichkeit sehen, die große Gefühle in mir erregte; aber den Trost der Seele kannte ich nicht. Ich trug in mir ein Leben und Streben, das sich in stille Sehnsucht verlor — besonders lange wünschte ich mir in unser vereinsamtes Haus ein Schwesterchen —, bis das Böse in mir die Oberhand erhielt und die Lust der Welt meine Unschuld befleckte."

Er, der sich später besonders der Kinder so liebreich annahm und sie zum Heiland zu führen suchte, mußte sich allein seinen Weg bahnen durch all die wirren Gedanken, die ein aufgewecktes Knabengemüt so gern zu ihrem Tummelplatz machen.

Ein anderes Selbstzeugnis aus seinen Knabenjahren lautet: „Ich befand mich nun im 13. Jahr, als mein Bruder Max, 14 Jahre älter als ich und in Lübeck als Konditor etabliert, seine erste Gattin durch den Tod verlor. Er begehrte mich zu sich, im Fall ich und die lieben Eltern einwilligen wollten, um, wie er sich ausdrückte, eine treue Seele bei sich zu haben, weil ihm seine Dienstboten viel veruntreuten. Dieses Anerbieten wurde freudig angenommen; doch sollte ich zuvor konfirmiert werden. Diese Zeit wurde von mir mit Sehnsucht erwartet, um so mehr, weil ich in dem eitlen Wahn stand, daß, wenn ich einmal mein Nellingen verlassen hätte, das trockene Lernen ein Ende haben werde. Am 4. Mai 1817 wurde ich endlich mit 13 anderen kofirmiert. Meine Vorbereitung auf diese große Handlung war gering; es regte sich auch gerade zu der Zeit wenig höheres Bedürfnis, weil ich immer nur an die große Reise und das Glück meiner Zukunft dachte."

Nach der Konfirmation sagte der Vater: „So, jetzt bist du ein Mann!" und schenkte dem Sohn eine Tabakspfeife.

Ein dürres Erdreich, in dem Gott diesen Baum wurzeln ließ, der später so vielen Schatten und Früchte spenden durfte.

Wie Gott ihn gewann

Nicht nur die Herzen der Könige, sondern auch aller seiner Auserwählten leitet der Herr wie Wasserbäche. Der junge Samuel sollte ein Rüstzeug werden in Gottes Hand; darum nahm sich Gott des Knaben auch früh in ganz besonderer Weise an. Wie er bewahrt wurde davor, in Welt- und Mammonsdienst unterzugehen und dennoch zur gründlichen Selbsterkenntnis seines verdorbenen Herzenszustandes gelangte und endlich Frieden im Blut des Lammes Gottes fand, zeigen seine Aufzeichnungen in ebenso schlichter wie ergreifender Weise. Die Welt wollte ihren weichen Arm um seinen Nacken legen; aber er folgte dem Zug der Gnade Gottes und flüchtete in die ausgebreiteten Arme der ewigen Liebe. Er schreibt: „Am 8. Juni trat ich meine Reise über Geislingen und Stuttgart mit der Eilpost an und erreichte das mir so teure Lübeck am 28. Ich fand bei meinem Bruder, der sich wieder verheiratet hatte, und bei seiner Gattin die liebevollste Aufnahme; beide sorgten elterlich für mich. Vorläufig trat ich in sein Geschäft ein, dessen ich mich mit allem Fleiß annahm; die Abendstunden behielt ich aber frei, um meinem Mangel an Schulkenntnissen abzuhelfen. Zu dem Zweck ließ mir der Bruder Privatunterricht erteilen, den ich eifrig benutzte, da ich jetzt merkte, wieviel mir fehlte. Drei Jahre lang wurde das fortgesetzt, bis ich mir die Vorkenntnisse erworben hatte, die von Handlungslehrlingen gefordert werden. Daß ich Kaufmann werden sollte, war die Absicht meines Bruders, die auch meiner Neigung entsprach. Es gelang ihm, mich bei einem kenntnisreichen Kaufmann Schmidt unterzubringen, woselbst ich als Lehrling auf vier Jahre an Ostern 1820 eintrat.

Während dieser Zeit ging viel in meinem Innern vor; denn ich suchte, suchte mit Tränen; aber meine Seele fand nicht, was sie suchte. Die strenge Arbeit bei meinem Bruder, bei der selbst der Sonntag, wenigstens der Vormittag, nicht verschont blieb, samt den Privatstudien, ließen mir durchaus keine Zeit übrig, mich zu zerstreuen. Besonders aber ermangelte ich eines Freundes, dem ich meine tiefen Gefühle hätte mitteilen mögen. Dieses Bedürfnis wurde in mir immer reger. Mein Bruder liebte mich zwar herzlich, aber bei dem Unterschied des Alters konnte mein junges, gefühlvolles Herz mit dem reiferen Mann und seinen Bedürfnissen nicht sympathisieren. Ich suchte also einen Freund, der ganz mit mir fühlte; aber vergebens. –

Es war eine harte Zeit. Das Gewissen verdammte mich und ließ mir keine Ruhe mehr; denn auch das Gesetz Gottes bestätigte diese Verdammung. Nun fing die Seele an zu zagen und zu trauern; denn es war in ihr keine Hoffnung mehr, sich zu dem Heiligen zu erheben. Es wurde eine schreckliche Finsternis in mir: Sonne, Mond und Sterne verbargen ihren Schein. Das Innerste meiner Seele rief mit Zittern und Bangen: Ihr Berge, fallet über mich! Erde, öffne dich und verschlinge mich! Denn die Missetat meiner Sünde ist offenbar geworden vor dem heiligen Gott; und wer verbirgt mich vor seinem schrecklichen Angesicht und seinem alldurchdringenden Auge?

Da ich mich eben in der größten Bedrängnis befand und durchaus keine menschliche Hilfe hatte, begab es sich, daß ich an einem allgemeinen Volksfest im Juni 1821 abends auf Veranlassung meines Bruders spazierenging. Mit beklommenem, aber schon durch einen Strom von Tränen erleichtertem Herzen drang ich, indem ich aus dem Haus trat, ganz in mich selbst eingekehrt durch die Menge des Volks und kam, ohne es zu wissen, auf ein mit Kohl bepflanztes, freies und stilles Land. Da war es, wo ich zum erstenmal wieder meinen sündigen Blick zu dem Reinen und Heiligen emporzuschlagen wagte. Auf meine Knie niedersinkend, betete ich im Staube den an, der mich mit seinem Heiligen Geist überschattete. Die Last meiner Sünden wurde mir abgenommen, und ich durfte mit den Augen meines inwendigen Menschen meinen Heiland sehen. Einen irdischen Freund hatte ich gesucht; nun aber fand ich den ewigen Freund, den ich einst suchte, der auch mein Gott ist."

So wurde Hebich von der Finsternis zum wunderbaren Licht geleitet durch die Wirkung des Heiligen Geistes. Von diesem Erlebnis ausgehend, versteht man, wie er immer wieder in seiner nachherigen Tätigkeit mit Nachdruck von den Leuten forderte, sich ihres Heils, ihrer Annahme bei Gott zu versichern. Ihm war es wichtig, daß auch andere erfahren sollten, was ihn selbst so glücklich gemacht hatte. Erst in Indien hat er übrigens herausgefunden, daß sein geistlicher Geburtstag der 13. Juni 1821 sei — „es war ein Mittwoch, gerade der Haupttag des Schützenfestes". Im Jahr 1847, nach 26 Jahren, fiel dieser Tag gerade auf einen Sonntag, was ihm willkommenen Anlaß gab, ihn in besonderer Weise zu feiern, indem er seinen Gemeinden, der englischen und der indischen, seine Bekehrungsgeschichte erzählte. —

Freilich mußte Samuel nun auch erfahren, daß Jesus nicht nur Frieden bringt, sondern auch das Schwert.

Sein Bruder wollte fortan mit dem Kopfhänger, der nur noch die Bibel las, nichts mehr zu tun haben. Die beiden kamen oft aneinander dieser Sache wegen und hatten „großen Handel“.

Aber wie der Kaufmann, der gute Perlen gesucht und nun die *eine köstliche* gefunden hatte, verkaufte auch Samuel alles, um diesen Schatz ganz zu haben.

Der Vater war ebenso ungehalten. Er schrieb einmal einen „schrecklichen“ Brief: „Sohn, Du bist auf Abwege geraten“, und unterzeichnete: „Dein treuer Vater, wohlbestallter lutherischer Pfarrer und kein Schneider oder Schuster.“ Samuel hatte ihn sehr geliebt, war nun vier Jahre von ihm getrennt und auf dem Heimweg begriffen. Als der Brief gelesen war, schien alles, was der Jüngling von Gott empfangen hatte, mit einemmal hinweggenommen. Ein schweres Gewicht lag auf ihm; er sagte zu sich selbst: „Du kleines Büble, bist keine 20 Jahre alt, dein Vater aber über 70, ein gelehrter und gescheiter Pfarrherr; und dein Bruder ist ein so angesehener Mann. Sollten diese beiden unrecht haben und du allein recht? Es kann nicht sein!“

Wie der treue Gott ihm aber freundlich zur rechten Zeit seinen heiligen Willen kundgab, hören wir, wenn er erzählt: „Ich habe mich recht gequält; ich könnte noch den Platz zeichnen; es war ein stürmischer Tag, und ich wollte über den Marktplatz nach Hause; da war es mir, als hörte ich eine Stimme: ‚Willst du Vater und Mutter mehr lieben als mich? du bist meiner nicht wert!‘ Ich wußte nun, was ich zu tun hatte; des Vaters und des Bruders harte Worte fielen herab von mir wie der Regen.“

Und der greise Vater gab ihm schließlich selber noch ein gutes Zeugnis, als er ihn 1823 in der Heimat noch einmal grüßen konnte. Beim Abschied sagte er dem Sohn, er habe ihn genau beobachtet und freue sich, daß er seiner Gesinnung treu sei und seinem

Glauben gemäß wandle. Er habe nichts gegen ihn einzuwenden, wenn er so fortfahre.

Samuel übte sich in dieser Zeit viel im Englischen und teilte einem jungen Freund seine Bekehrung in dieser Sprache mit. Sogar im Verseschreiben versuchte er sich in dieser Zeit, obwohl, wie berichtet wird, die Silben dabei von ihm nicht gezählt wurden. Aber es drängte ihn, sein neugewonnenes Glück auf allerlei Weise zum Ausdruck zu bringen. Der Friede in Christus und seine kindliche Einfalt kamen in jeder Zeile zum Ausdruck, die er in jener Zeit schrieb.

Im Jahr darauf loste er sich vom Militär frei. Er erfuhr aber auch noch eine andere Befreiung, die ihn unter Gottes besonderer Leitung für seine Lebensaufgabe tüchtiger machte. Er bemerkte nämlich im Gottesdienst, wie die Gegenwart einer schönen Fremden seine Andacht bedeutend steigerte, und erkannte bald, daß er verliebt sei. Er erschrak darüber und betete um Befreiung von aller Anhänglichkeit an irgend etwas außer Christus. In einer solch gefährlichen Zerteilung des Herzens konnte er nicht leben, wenn auch scheinbar die Frömmigkeit dadurch befördert würde.

Und Gott erhörte den tapferen jungen Streiter. Er wurde befreit, wußte von nun an aber, „wie gewaltig heilig es beim Verlieben zugeht!" Gesprochen hatte er nie mit dem Gegenstand seiner heimlichen Verehrung. Von dieser Zeit an wurde es ihm zweifelhaft, ob er überhaupt heiraten sollte; es regte sich etwas in dem jungen Mann, das nach etwas anderem hindrängte, als sich ein behagliches Nest zu bauen. In seinem Herzen klang es:

Es ist geschehen! Ich hab' mich dargebracht,
ich bin des Herrn, und er ist mein!
Ich folge ihm durch Sonnenschein und Nacht,
der frohen Botschaft meine Kraft zu weihn!

Der heilige Ruf

Samuel Hebich hatte ein offenes Ohr für die Stimme Gottes. Er war ein rechter Jünger. Darum hörte er auch, als Gott ihn rief, und folgte der Stimme des Meisters, der ihn von seiner Arbeit weg zum Menschenfischen nötigte. Lassen wir ihn erzählen, wie er geführt wurde.

„Ich kam nun in die Bekanntschaft mit dem Missionsverein Lübeck, von dem ich auch ein Mitglied wurde. Die Missionsberichte las ich mit Freuden und zur besonderen Erbauung meines Herzens. Je mehr ich aber den Reichtum des Gotteswortes verstand und je näher ich in die Verbindung meines großen Gottes kam, desto gottseliger wurde mein Wandel, und all mein Wesen war bei dem, der mich geliebt hat bis in den Tod. Jetzt fühlte ich in mir einen großen Drang, allen Menschen diese meine Seligkeit mitzuteilen, um sie zu bewegen, mit einem verlangenden und bußfertigen Herzen daran teilzunehmen. Dabei lagen mir nun vorzüglich diejenigen Mitbrüder am Herzen, die noch nichts, weder von einem Gott noch Heiland, wissen, sondern ganz in Irrtum und Sünden ohne Wahrheit und Trost im Schatten des Todes in dieser bedürfnisvollen Welt umherirren.

Während ich das Heil in Jesus als ein armer Sünder genießen durfte, erwachte in mir ein unbeschreibliches Sehnen, meinen Brüdern in der Heidenwelt das Evangelium zu verkündigen als eine Kraft Gottes, selig zu machen alle, die daran glauben. Der Wunsch bildete sich zu einem Trieb aus, der zu stark war, um ihn in Worte fassen zu können; ich hatte nur Tränen dafür. Als diese Sehnsucht aufs höchste gestiegen und ein ernster Entschluß geworden war, im Jahr 1823, teilte ich sie meinem väterlichen Freund, Pastor Geibel, mit, der mir indessen bei der Wichtigkeit der Sache riet, damit zu warten, bis der Herr mich so führe, daß ich nicht mehr anders könne; ich solle aber einstweilen meinem erwählten Beruf treu bleiben und mich in allen Dingen als ein Christ beweisen, so könne ich auch für die Sache des Herrn wirken. Will aber, fügte er bei, der Herr dich zu seinem besonderen Dienst haben, so wird er — warte nur still — dich dann wohl so führen, daß du nicht anders kannst, nach dem Beispiel Moses.

Ich folgte dem Rat meines so teuren Freundes, für den ich die tiefste Achtung hatte, und überwand die brennende Sehnsucht, obgleich ich deshalb ein halbes Jahr viel litt. Ein stilles Streben danach loderte tief in meinem Herzen, dabei fürchtete ich jedoch immer, daß ich nur meinen eigenen Willen befolgen möchte, setzte daher meinen Beruf mit Fleiß fort unter dem tiefen Flehen zum Herrn, mich doch nicht umsonst mein Leben zubringen zu lassen und, wenn es nach seinem Herzen wäre, mich unter die armen Heiden sein alleinseligmachendes Wort bringen zu lassen."

Wir sehen, wie gründlich dieser junge Mann vom Geist Gottes durchforscht wurde, um nachher aber auch mit desto festerer Überzeugung zu wissen: Ich stehe vor dem Herrn, ich bin von ihm gerufen, ich treibe seine Sache. Hören wir ihn über seine Führung selbst weiter: „Ein halbes Jahr darauf wurde ich von dieser Sehnsucht aufs neue hingenommen, doch wagte ich nicht mehr, sie auszusprechen. An Ostern 1824 hatte ich ausgelernt und trat am 2. Oktober eine Stelle bei den Herren I. L. Bruhns & Sohn in Lübeck als Reisender, Korrespondent und Buchhalter an. Sie hatten mich selbst zu sich berufen und brachten die Sache mit Schmidt & Co., wo man mich gern behalten hätte, ins reine."

Hebich war nicht umsonst im Norden Deutschlands, mitten im regsten Handelsleben. Er sog hier in Lübeck den freien, kühnen Geist der deutschen Hansa ein und wurde durch seine Reisen vorbereitet für sein Lebenswerk. Er erzählt: „Am 5. April 1825 trat ich die erste Reise an, indem ich zur See nach Reval fuhr und über Petersburg mich nach Finnland begab. Mit Segen kehrte ich am 25. August nach Lübeck zurück. Schon damals lernte ich die christliche Frau Lefrén kennen. Im Jahr 1826 reiste ich nach Schweden; und abermals am 28. November 1827 fuhr ich nach Karlshamm und kam dann durch ganz Schweden über Tornea nach Finnland. In Björneborg angelangt (Ostern 1828), fand ich verschiedene Briefe vor, deren einer mir den Tod meines guten Vaters anzeigte. Bereits sechs Monate in beständigem Reisen begriffen, fand ich mich ermattet an Geist und Leib, besonders aber am ersteren. Daher entschloß ich mich, zu jener Frau zu reisen, um mich einige Tage durch christliche Gemeinschaft zu erbauen. Ich wurde mit großer Freude aufgenommen, und bald darauf machte sie einen Vorschlag, den ich nach vielem Bedenken annahm. Als Eigentümerin eines großen Landgutes eröffnete sie mir ein schönes Feld, für das Reich Gottes zu arbeiten. Ich glaubte Gottes Wink darin zu erkennen, daß er mir Gelegenheit geben wollte, mit dem anvertrauten Pfund zu wuchern, und also mein Gebet erhört habe, zwar nicht unter den Heiden, aber doch an einem passenden Platz für die Erweiterung seines Reiches zu wirken."

Und es gab wirklich für den jungen Mann, der für seinen Meister wirken wollte, allerlei zu tun und zu leiden, auch unter denen, die Christen waren. Er ging allezeit gerade durch und machte dabei immer häufiger die Erfahrung, daß Gott den wieder ehrt, der ihn ehrt. Er war klug wie die Schlange, wenn es sich darum handelte, irgend etwas zu lernen und zu berechnen in seinem Kaufmannsstand, aber auch ohne Falsch wie die Taube, wenn es sich um sittliche Grundsätze handelte. Um Lebensart und geschmeidige Anpassung war es ihm weniger zu tun als um die Ehre seines Herrn.

So hatte er einmal am Schluß des Rechnungsjahrs die wenig Freude versprechende Verpflichtung, einem schwedischen Geschäftshaus einen Fehler in der Rechnung zu unterbreiten und um Entschuldigung zu bitten. Er stärkte sich durch Gebet und machte sich auf den Weg, traf aber den Chef des Hauses nicht in der besten Laune an. Er brachte seine Sache vor und entschuldigte sich, so gut er konnte. Der Schwede meinte indes, nachdem die Fehler gemacht seien, wäre es ein leichtes, hintendrein Entschuldigungen zu finden. Hebich bemerkte demütig: „Wir machen ja alle beim besten Willen Fehler.“ Das regte den Mann aber noch mehr auf. Als Hebich nun gar bat, er möge ihm doch seine Fehler vergeben, wie der Herr Jesus Christus uns auch vergebe, brach der Handelsherr in grimmigen Zorn aus über solche „Heuchelei“. Da fiel Hebich plötzlich im Kontor des Kaufmanns auf seine Knie und fing an zu beten: „Du siehst, Herr Jesus, daß er mir nicht glaubt, so zeige du ihm, daß ich die Wahrheit spreche; du kennst mich, du allein; du weißt, wer wir sind. Sage du mir's, ob ich ein Heuchler bin!“ Dies Gebet überraschte und beruhigte den zornigen Schweden. Er legte ihm die Hand auf die Schulter und sagte: „Es ist genug, stehen Sie auf!“ Aber Hebich hatte nun angefangen zu beten und hörte nicht auf, seinen Herrn im Himmel zu bestürmen, hier der Richter zu sein. Er achtete nicht auf den wiederholten begütigenden Zuspruch des Schweden und hielt nicht eher inne, bis diesem das Herz brach und er unter Tränen den Beter bat: „Bitte, vergeben Sie mir; es tut mir leid, einen christlichen Bruder beleidigt zu haben!“ Dann erst sagte Hebich: „Amen.“ Er stand von seinen Knien auf, und nun wurden statt der Geschäftssachen innerste Herzenserfahrungen besprochen.

Durch solche Erlebnisse ermutigt, kam er immer mehr darauf, ohne Umschweife den Menschen ans Herz zu dringen. Es machte ihm nichts dabei aus, ob man ihn zart oder grob abwies.

1828 kehrte er über Petersburg noch einmal nach Lübeck zurück. Bei Gelegenheit dieser Reise war es wohl, daß Hebich in Petersburg seines Passes wegen von der Polizei festgehalten wurde, als er eben an Bord gehen wollte. Alles Bitten und Eifern wollte nichts helfen. Am nächsten Morgen mit Entschuldigungen entlassen, lief er, fast außer sich, dem Hafen zu, wo ihm in verschwindender Ferne sein Fahrzeug gezeigt wurde. Wie staunte er aber, als er, von einem anderen Schiff nach Lübeck gebracht, die Kunde vernahm, jenes Schiff sei mit Mann und Maus untergegangen. Jetzt konnte er Gott von Herzen für seine Gefangennahme danken. Gott hatte die Polizei in Petersburg dazu benutzt, seinem Knecht das Leben zu retten.

Über seine ferneren Erfahrungen lassen wir ihn weiter reden: „Der Herr hat meine Reisen sichtbar gesegnet, so daß ich in vollem Maß das Zutrauen meines Hauses gewann. In diesem blieb ich bis Oktober 1829 und segelte dann in Gottes Namen nach Helsingfors, wo ich nach gefährlicher Fahrt glücklich landete und mich weiter auf das Gut Hattenpää bei Tammerfors begab. Ich war nun dort seit dem 8. November 1829 und wollte nach der Weise des Apostels mit Händearbeit das tägliche Brot verdienen, um dabei das selige Evangelium umsonst verkündigen zu können. Es war da eins der größten Güter Finnlands zu betreiben und zugleich eine Papierfabrik, die etwa 50 Arbeiter beschäftigte, zu beaufsichtigen.

Im Verlauf aber zeigte es sich immer klarer, daß da mein Platz nicht sein konnte. Um indessen das Ganze richtig einsehen zu lernen, verhielt ich mich ein volles Jahr inwendig still, mich in allen Dingen genau prüfend, daß ich die Stimme des Geistes Gottes vernähme. Dann aber wußte ich ganz bestimmt, daß ich etwas anderes vom Herrn zu erwarten hätte." (Man suchte ihn zu einer Heirat zu veranlassen, die ihn zeitlebens gebunden haben würde.)

„Durch Tausende von Schmerzen hindurchgebrochen, stand jetzt in mir der Entschluß fest, nicht eher zu ruhen, bis daß ich zum Missionsdienst unter den Heiden aufgenommen würde. Wofern mir aber Gott solches nicht gelingen ließe, wollte ich, weil ich alsdann das Meine getan haben würde und mein Gewissen beruhigen könnte, desto freudiger mit aller Demut in meinen früheren Stand wieder eintreten; bat aber Gott inständig und mit voller Gewißheit der Erhörung, daß er mir aus Gnaden nur das gelingen lassen wolle, was nach seinem Herzen sei." Er schrieb dann an den Missionsinspektor Blumhardt in Basel:

„Teuerwerter Freund in Christo! Ich erlaube mir hiermit, Ihnen mein Herz zu öffnen, und bitte um Ihre Liebe. Ich bin von den Kindern, die sich unwürdig fühlen der grundlosen Liebe Gottes, die in Christo Jesu ist, die aber dennoch, nachdem sie die Gnade überkommen und geschmeckt haben, keine Ruhe finden in dem bequemen Leben des Weltlaufs, sondern deren Herz brennt, etwas zum Preis dessen tun zu können, der sie zuerst geliebt und sein heiliges Opfer gelassen, welcher nun ihr einziger Trost, Hoffnung und Leben ist, ja Gott über alles, hochgelobt in Ewigkeit! Amen. Den wollen sie verkündigen als das Licht der Welt, als den alleinigen Weg zum Vater, der da will, daß allen Menschen geholfen werde. Dem wollen sie ihr Leben wieder aufopfern in seinem besonderen Dienst, dessen Eigentum sie sind und der sie aus Gnaden mit seiner allmächtigen Hand trägt. Dies ist auch mein großer Wunsch, mein langes Sehnen und meine große Bitte. O möge es Gott wohlgefallen, der auch die verborgensten Gedanken von ferne kennt!"

Er schilderte sodann seinen Glaubensgang in Kürze, um fortzufahren: „Nachdem ich nun männlich die Wichtigkeit meines Vorhabens überlegt, alle dabei unausbleiblichen Schwierigkeiten, Beschwerden und Aufopferungen bedacht, vor Gott mein Herz genau geprüft und meinem Heiland meine ganze Sache, die doch seine Sache ist, empfohlen habe, erlaube ich mir, Sie hiermit zu bitten, mich in Ihr Missionsinstitut aufzunehmen. Ich habe kein Vermögen, auch kenne ich dieserhalb die Anordnungen der Anstalt nicht. Meine Meinung ist indessen: Ganz auf Kosten der Anstalt unter Gottes Gnade zu einem brauchbaren Missionar gebildet zu werden, wogegen ich mich von ganzem Herzen allen Vorschriften der Anstalt unterwerfe, um nach Vollendung meiner Studien auf deren Veranstaltung meinen Beruf in Gottes Namen anzutreten. Meine Reisekosten bis dort glaube ich selbst bestreiten zu können.

Mein väterlicher Freund, Herr Pastor Geibel, wird Ihnen meinethalben das Nötige mitteilen, an welchen Freund ich Sie bitte, mir möglichst bald Ihre geneigte Antwort zuzuschicken. Mit erstem offenem Wasser, das ist im Mai oder Juni, bin ich bereit, meine Reise anzutreten.

Wünschen Sie aber vielleicht noch zu wissen, was für ein Landsmann ich bin, so bin ich ein ehrlicher Schwabe, geboren zu Nellingen. Gott und der Vater unseres Herrn Jesu Christi leite Ihr Herz auch in dieser Sache! Amen."

Geibel schrieb folgendes: „Hebich ist ein christlich ernster, durchaus redlicher Mensch. Sein Eifer, Missionar zu werden, glüht schon lange in ihm. Ich habe ihn früher zurückgehalten, demselben zu folgen, wissend, aus wie unreinen Quellen und unklaren Vorstellungen er bei so manchen jungen Leuten hervorgeht. Bei diesem ist's nach meiner Überzeugung nicht also. Auch hat er manche Eigenschaften, die wohl zu diesem Beruf eine köstliche Zugabe sind, nämlich ein offenes, heiteres, freundliches Wesen, das ihm leicht die Herzen gewinnt und ihn selbst solchen nahebringt, die seiner Überzeugung entgegenstehen. Er ist gesund, verständig und unverwöhnt und weiß sich in mannigfaltige Lagen zu schicken. Ob er fähig sei, sich mit Leichtigkeit auch fremde Sprachen anzueignen, weiß ich nicht, doch vermute ich's . . . In seinen früheren Verhältnissen hat er mit großer Treue und Geschicklichkeit gearbeitet und sich die Achtung aller derer erworben, mit denen er zu tun hatte. Ist es der Wille des Herrn, ihn zum Heidenboten zu gebrauchen, so wird Er dazu auch den Weg bahnen . . . Mit herzlicher Bruderliebe und ernster Fürbitte für Sie und Ihre Anstalt der Ihrige J. Geibel, Pastor der reformierten Gemeinde."

Frau Lefrén erbot sich, für die vier Jahre, die Hebich im Missionshaus zubringen sollte, 1600 Rubel zu zahlen, da das Komitee zur Zeit keine Mittel hatte. Er schreibt dann unter anderem noch: „Ich habe mich jahrelang geprüft und mir das Ziel eines Dieners Christi unter den Heiden vor Augen gestellt und bin gewiß, daß Christus in den Schwachen mächtig ist. Prüfen und handeln Sie nun, nachdem Ihnen Gott ins Herz gibt. Meinem Freund in Lübeck schrieb ich, wenn es mit Basel nichts sein sollte, sich für mich bei der Londoner Missionsgesellschaft zu verwenden. Ich schreibe noch heute an diese, ob sie mich aufnimmt . . . Wenn aber Sie mir ein liebliches Ja geben, komme ich gewiß, falls die Londoner mich nicht gewählt haben."

Das Schreiben nach London war indes, der Adresse ermangelnd, nicht abgegangen. Hebich eilte so sehr, weil die Schiffahrt in Finnland damals nur bis Anfang September währte.

Es kam auch bald ein „liebliches Ja" aus Basel an. Seine Briefe hatten den Basler Brüdern gezeigt, daß

Hebich ein Mann sei, den Gott augenscheinlich zum Missionar berufen habe. Er wurde auf eine Jahresprobe einberufen. In einem ergreifenden Brief bat er dann um Fürbitte. Er machte sich auf den Weg und langte erst spät in Basel an, weil es viele Hindernisse zu überwinden gab.

Wir sehen an Samuel Hebich, daß, wenn Gott jemand in seinen Dienst ruft, er auch die Wege bahnt, die der Berufene gehen soll.

In der Rüstkammer

Es war gerade Heiliger Abend, und der freundliche Inspektor Blumhardt feierte mit der kleinen Missionsfamilie im Basler Missionshaus das Kommen des Heilands in die Welt, als es an die Tür klopfte. Auf das „Herein!" trat ein vornehm aussehender Fremder mit Mantel und Pelzmütze in den traulichen Kreis, dem der liebe Inspektor in einiger Verlegenheit entgegenging, um ihn zu begrüßen. Aber bald wich die Verlegenheit des Inspektors; er küßte den Neuankommenden auf beide Backen und stellte ihn der Gesellschaft als den „neuen Bruder Hebich" vor.

„Wir sind gerade dabei, unser Weihnachtsfest zu feiern, lieber Bruder. Der Herr sei mit Ihnen und segne diesen Tag, der Sie in unser Haus gebracht hat! Aber ich bin gewöhnt, zu den Brüdern ‚du' zu sagen; Sie verstehen, es ist das so Sitte hier. — Da ist auch schon ein Tellerchen für dich." Es waren einige Äpfel und Nüsse, die dem angehenden Missionar hingestellt wurden. Blumhardt betete noch herzlich mit allen, wobei er in besonderer Weise des Neuangekommenen gedachte; dann ergriff jeder der Zöglinge seinen Teller, dankte in artig lieber Weise zuerst dem Herrn Inspektor und dann der Frau Inspektor und zog zufrieden und glücklich ab.

Hebich stand unschlüssig da. „Wollen Sie — willst du, lieber Bruder, nun nicht auch deinen Teller mitnehmen? Es ist so unsere einfache Art." — Nun nahm er seinen Anteil an der Bescherung und dankte in etwas gezwungener Weise, als er das Zimmer verließ, um sich sein neues Heim anweisen zu lassen. Er erhielt seinen Platz auf einer der zwei Studierstuben, und hier erst kam er recht zu sich und fand Gelegenheit, sich umzusehen.

Das also war das Missionshaus, von dem er so lange bei Tag und Nacht geträumt hatte. So hatte er sich's allerdings nicht vorgestellt; es sah alles so klein aus. Nach dem Russen Börling war er der älteste unter den 33 Missionszöglingen, die ihn großenteils noch sehr unentwickelt dünkten. Wenn er sich an seine Erfahrungen erinnerte, wurde es ihm schwer, sich unter diese Jünglinge zu demütigen, die von der Welt noch so wenig gesehen, das eigene Herz kaum recht kennengelernt hatten und doch mit großer Bestimmtheit die Ansichten und Gefühle dieses oder jenes christlichen Kreises, in dem sie herangewachsen waren, aussprachen. Dazu kam der überaus enge Raum, in welchen man zusammengepfercht war, nebst einer Menge zum Teil „klösterlicher" Dienste, in die man sich Tag für Tag teilen mußte.

Es gab schwere Stunden, in denen Samuel an seiner Führung irre werden wollte; das erstemal in seinem Leben hatte er nun die Erfahrung und die Not der Schule durchzumachen. Sie sind ihm aber überaus wertvoll geworden; und noch in seinem letzten Jahr in Indien pries er einem Kaufmann, der ohne eine solche Übungszeit in den Missionsdienst getreten war, die wohltätige Wirkung dieses Zusammenlebens an, indem er ihm wünschte: „Ach, daß du auch nur ein Jährchen im Missionshaus zugebracht hättest! Wie wird da unsereinem der Rost heruntergetan, wie wird man so tief gedemütigt!"

Die Lektionen, die nun in rascher Aufeinanderfolge mitgemacht werden mußten, boten auch ihre Haken. Die Kandidaten Werner (der bald durch Staudt ersetzt wurde) und Blumhardt lehrten die meisten Fächer; der Inspektor gab Bibellehre und Religionsgeschichte, Antistes Falkeisen Pastoraltheologie und Katechetik; Pfarrer von Brunn erklärte irgendeine neutestamentliche Schrift, und die Vorlesungen Professor Hagenbachs über Kirchengeschichte und theologische Enzyklopädie wurden gleichfalls besucht. Das Lernen von Vokabeln und grammatischen Formen fiel dem alten Schüler schwer, so entschlossen er sich auch an die Arbeit machte.

Was ihn noch mehr umtrieb, war die Schwierigkeit, bei jedem neuen Pensum den Nutzen gerade dieser Vorbereitung für den künftigen Beruf einzusehen. Er ward darüber sehr angefochten, bis (19. Juli 1832) der geistesmächtige Spleiß das Missionshaus besuchte und den Schülern in drei Stunden die geistliche Waffenrüstung (Eph. 6) erklärte.

Bei diesem Mann ging ihm das Herz auf, und seinen Trost, daß das Lernen freilich nicht die Hauptsache sei, wer es aber auch nicht weit darin bringe, doch dadurch im Gehorsam immer völliger werden könne, vermochte er sich von Herzen anzueignen. Als er dann ins Hebräische eingeführt wurde, ging ihm erst ein Licht auf, daß das Erlernen der hebräischen und griechischen Sprache zu der Erkenntnis der Gottesgedanken in ihrer urspünglichen Gestalt dienen solle. Es war ihm später leid, nicht weitergekommen zu sein und das mühsam Erlernte aus Mangel an Pflege sichtlich schwinden zu sehen; aber einen wesentlichen Vorteil zog er doch aus diesen schweren Anfängen: Achtung vor *rechten* Theologen und Willigkeit, die Hilfsmittel, welche sie ihm boten, zu benützen. In Meyers Bibelübersetzung und Noten sowie in der Berleburger Bibel hat er sich noch oft umgesehen, nachdem schon alle anderen Bücher beiseite gelegt waren.

Im übrigen ging ihm das Lernen nicht recht vonstatten. Das Urteil der Lehrer über ihn lautete: „Hebich hat wenig Talent für die Grammatik der Sprachen, wiewohl es ihm vielleicht leichter würde, dieselben durch Umgang zu lernen. Er zeigt sehr viel Reife im Leben, und im Halten von Vorträgen scheint er sehr gesegnet."

Ein charakteristisches Histörchen wird noch heute erzählt unter den Studenten, um seine Abneigung gegen das Studieren zu beleuchten. Als er wieder einmal versucht hatte, die einfachsten Regeln der hebräischen Grammatik zu bemeistern, ohne sie in seinen Kopf bringen zu können, ging er an den Rhein und warf seine Grammatik in die gurgelnden Wogen mit den Worten: „Ich will nichts von dir, daß du nicht sagest, du habest Abraham reich gemacht!" (1. Mose 14.)

Als das Komitee sah, daß der ungestüme junge Mann nicht lernen wollte und konnte wegen seiner Ungeduld und anscheinend angeborenen Abneigung gegen systematisches Studium, berieten sie über ihn und beschlossen, ihn fortzuschicken. Plötzlich aber erschien Hebich vor ihnen ungerufen und sagte: „Brüder, Gott hat mich hierher gesandt. Ich bin seinem Befehl gehorsam. Obgleich ihr beschlossen habt, mich fortzuschicken, werde ich doch nicht gehen, denn Gott hat mir keine Erlaubnis zu gehen gegeben!" Hebich blieb da, weil das Komitee seinen Entschluß nie verwirklichte.

Man mußte eben bei dem eigenartigen Zögling anerkennen, daß er eine hervorragende Berufung hatte, Seelen zum Heiland zu führen. Wenn es sich darum handelte, einen Menschen anzuregen, Jesus zu suchen, dann war er der erste.

Während der kriegerischen Verwicklungen infolge

des Streits der Landschaft mit der Stadt Basel kamen viele Soldaten ins Missionshaus, besonders im Mai 1832. Samuel bot sich diesen Besuchern gern als Führer an, nicht nur, um ihnen das Sehenswerte im Museum und in der Anstalt zu zeigen, sondern ihnen — einzeln und auch in ganzen Trupps — den Weg zum Himmel klarzumachen.

Wenn es sich aber um einen „Auszug" handelte und der Inspektor gutmütig auch einige Zöglinge ins Feld mitschicken wollte, stieß er bei Hebich auf Widerstand. Er weigerte sich, „um dieser miserablen Händel willen" sich in irgendeine Gefahr zu begeben. Seine Glieder gehörten dem Herrn Jesus, der allein habe darüber zu verfügen; für die Heiden gebe er alles her, für die Stadt Basel keinen Tropfen Blut.

Sehr anregend für Hebich wurde der Aufenthalt im Missionshaus durch die vielen Verabschiedungen von Brüdern sowie durch das Eintreffen ihrer Briefe aus der Ferne und die Besuche manches ausgezeichneten Mannes. So hielt der französisch-amerikanische Quäker Grellet einmal eine ergreifende englische Ansprache an die Brüder. Ein andermal redete Dr. Steinkopf über die Demut, warnte vor Hochmut, rühmte aber den Mut, der uns beseelen sollte — alles Dinge, die für einen Missionar unentbehrlich sind. Im November 1833 überraschte die Brüder das plötzliche Erscheinen Gobats aus Abessinien.

Am 16. März 1834 wurde Samuel Hebich mit den beiden anderen Brüdern Lehner und Greiner in Lörrach in Baden ordiniert. Zweieinhalb Jahre hatte er im Missionshaus zugebracht. Einen Gelehrten hatte man zwar nicht aus ihm machen können, aber seine brennende Liebe zum Heiland und zu den Menschen, verbunden mit seiner Aufrichtigkeit und Demut, geleitet von einem praktischen Sinn, ließen erhoffen, daß er Seelen für Christus gewinnen dürfte. Und das Komitee hat sich nicht in ihm getäuscht.

Am Palmsonntag darauf wurde er mit den obengenannten Brüdern in der Martinskirche in Basel feierlich verabschiedet. Hebich redete zu der großen Versammlung über Psalm 45, 3 und legte ein feuriges Bekenntnis ab von seiner völligen Hingabe an den „Schönsten unter den Menschenkindern", das tiefen Eindruck machte. Der alte Pfarrer von Brunn segnete die Scheidenden unter herzlichem Gebet ein.

Das Arbeitsfeld

Wo wollte Gott diesen Mann nun gebrauchen? Welchen Leuten sollte er zum Führer werden? Nun, Samuel Hebich hatte sich seinem Gott völlig ausgeliefert; darum konnte Gott ihn als Werkzeug auch auf mannigfaltige Weise gebrauchen. Er wurde zu den braunen Heiden gesandt, ihnen das Heil in Christus zu verkündigen, fand aber auch draußen, wie er einmal bemerkte, weiße Heiden, die das Evangelium noch nötiger brauchten. Kurz, wo immer er Menschen fand, da sah er sein Arbeitsfeld, die Liebe Gottes in Christus anzupreisen.

Eine Katechetenschule in Indien zu begründen, waren die Missionare ausgesandt. Fürst Viktor von Schönberg hatte in hochherziger Weise 10 000 Taler für einen solchen Zweck versprochen, und im englischen Parlament war gerade der neue Freibrief der ostindischen Kompanie durchgegangen, der Europäern aller Nationen den Zutritt nach Indien und den Ankauf von Grund und Boden gestattete. Dem neuerwachten starken Missionstrieb konnten sich die englischen Politiker und Handelsleute nicht mehr widersetzen, sie hatten das Land geöffnet, um dem Evangelium freie Bahn zu machen. Nun richteten sich die Blicke Blumhardts und der übrigen Mitglieder des Basler Komitees nach diesem durch die Natur so reich gesegneten Land, um dort die Erstlingsstation eines Werkes anzulegen, das sich in wunderbarer Weise unter dem Segen Gottes weit ausbreiten sollte.

Hebich nahm Abschied von der betagten Mutter in Ulm. Er sollte sie auf Erden nicht wiedersehen. Sie sagte zu ihm: „Du bist immer ein folgsamer Sohn gewesen gegen Vater und Mutter; der Herr wird dich segnen!“ Dann reiste der junge Missionar nach London, nicht, bevor er auf dem Weg erst noch allerlei Leute besucht hätte, um das Missionsinteresse bei ihnen zu wecken und durch gesegnete Gemeinschaft mit den Brüdern, die er fand, sich die Hände zu stärken. – Am 28. April kam er in London an, während seine Begleiter sich in England bereits im Englischreden übten.

In London fand Hebich besonders in den Maikonferenzen der verschiedenen Missionsgesellschaften reiche Anregungen für Herz und Geist. Er versäumte aber doch über all dem vielen Neuen, das er hörte, auch die Vorbereitungen für die Seereise nicht. Er besprach sich viel mit Dr. Coates, dem Sekretär der englischen Missionsgesellschaft, von dem er manchen guten Rat erhielt. Eine neue Nachricht vom Komitee wies die Brüder an, eine gesunde Stadt zwischen Kotschi und Bombay zum ersten Aufenthaltsort zu wählen. „Des Herrn Wille geschehe!“ sagte Hebich dazu. „Wir wollen in allem seinem Zug folgen und von Herz und Verstand den rechten Gebrauch zu machen suchen!“

Auf der „Malabar“, einem nagelneuen Dampfer, schifften sich die drei Brüder ein. Sie hatten nützliche Freunde an zwei Mitreisenden, dem Missionar B. Bailey und dem Kollektor Sullivan, die nach Indien zurückkehrten. Kurz vor der Einschiffung war Hebich mit Coates so ziemlich übereingekommen, „daß die Stadt Mangalur vorläufiger Aufenthalt zur Erlernung der kanaresischen Sprache sein sollte, worauf die Mission, wenn es dem Herrn gefallen sollte, in der Binnenlandstadt Karkal gegründet werden könnte".

Aber es hat sich auch hier gezeigt, daß des Herrn Wege oft andere sind als unsere Wege. Als Hebich müde heimging zur Ruhe des Volkes Gottes, hatte Karkal noch immer keinen Missionar, während der treue Gottesbote an so vielen anderen Orten den Samen des Wortes reichlich ausgestreut hatte, der fröhlich der Ernte entgegenreifte. –

Am 12. Juli bestieg Hebich das Schiff in Portsmouth; am 15. fuhr es hinaus, hielt ein paar Tage vor Madeira und eilte dann ohne Unterbrechung der Malabarküste zu. Hebich blieb gern auf dem Verdeck, während es seine Brüder vorzogen, in der Kajüte zu lesen und zu studieren. Er machte sich an die Matrosen, um mit ihnen über den Weg des Lebens zu sprechen und christliche Schriften unter sie auszuteilen, fand aber harten Boden. Nach vielen vergeblichen Versuchen, sich Eingang bei ihnen zu verschaffen, sagte er eines Tages: „Liebe Freunde, ich bin ein Diener Christi und habe den Auftrag, allen Menschen, zu denen ich komme, also auch euch, in seinem Namen den Weg des Lebens darzulegen. Ich muß meine Schuldigkeit tun; und damit keiner von euch an jenem großen Tag sagen könne, dein Knecht hat uns versäumt und ist auf unserem Schiff stillgelegen, so will ich euch nun ein Wort verkündigen, denn ich weiß nicht, ob ihr über Tag noch lebt; dann habe ich wenigstens das Meine getan." Er berichtet weiter: „Da keiner Lust zeigte, ging ich betrübt in meine Kajüte zurück; allein kaum war ich da angekommen, so eilte mir ein Matrose nach, mir zu sagen, sie seien bereit, mich zu hören. Ich ging sogleich im Namen des Herrn. So treibe ich's nun mit ihnen, manchmal hören sie mich, und ich streue in Hoffnung den Samen unter ihnen aus; manchmal muß ich wieder gehen, wenn sie den Schlaf vorziehen."

Am 12. Oktober sah man die ersten Kokospalmen der Lakkadiven; der nächste Morgen gewährte den erhebenden Anblick der Ghatkette, und am Abend fiel der Anker vor Kalikut, der Hauptstadt Malabars. Heiße Gebete stiegen in jener Nacht zum Himmel auf, daß doch der Eintritt in diese neue Welt den Sendboten selbst zum Segen und den Völkern, denen sie entgegengingen, zum ewigen Heil dienen möchte.

„Seht, hier ist Heidentum", sagte Hebich nachher beim Betreten des Landes, auf einen Haufen faulender Fische deutend. „Hier ist Zersetzung des Todes. Hier müssen wir Leben bringen, das Leben Christi Jesu. Wir müssen alles reinigen mit dem Evangelium!"

Am Morgen des 14. Oktober 1834 hörte Richter Nelson von der Ankunft eines Schiffes auf der Reede; ein frommer Mann, der etliche Jahre später sein einträgliches Amt aufgab, um gegen die Unterstützung des Götzendienstes durch die ostindische Kompanie, soviel an ihm lag, zu protestieren. Der Gedanke, Missionare könnten auf dem Schiff sein, trieb ihn ans Ufer und ins Boot; er nahm gleich die Baileys und die drei Basler mit sich auf einen freundlichen Hügel, wo er sie in Zelten unterbrachte und aufs zuvorkommendste bewirtete. Am liebsten hätte er die Deutschen für Malabar behalten; doch da einmal Mangalur ihre Bestimmung war, schrieb er seinem jungen Freund daselbst, dem Unterkollektor Findley Anderson, ob er für sie sorgen wolle, setzte den Brüdern den Stand der Dinge in Kanara auseinander und bestellte alsbald für sie in Madras die teuren kanaresischen Wörterbücher und Grammatiken.

Anderson lud die Brüder mit großer Freude ein. Nach einer sechstägigen Reise auf einem indischen Segelschiff erreichten die Brüder Mangalur, die Hauptstadt von Kanara, und wurden von Anderson fröhlich begrüßt.

Dieser treue Freund, der über 20 Jahre lang der

Mangalurmission die wichtigsten Dienste leisten sollte, war eine unschätzbare Hilfe für die Neuangekommenen. Die Sache des Reiches Gottes lag ihm so am Herzen, daß er gerade damit umgegangen war, einen Kolporteur zur Verbreitung christlicher Schriften anzustellen; nur wollte sich nirgends ein geeigneter Mann finden. Wie froh war er jetzt, drei Missionare auf einmal zu beherbergen und sie mit Land und Leuten bekannt zu machen! Von Kotschin bis Bombay war die Küste noch unbesetzt von Boten Christi. Im Inneren waren Bangalur, Bellary und Belgaum die nächsten Missionsstationen, keine hundert Stunden weit entfernt. Da diese aber im Gebiet der kanaresischen Sprache lagen, setzte man sich alsbald mit den Londoner Brüdern, die dort arbeiteten, in Verbindung und freute sich königlich über die Willkommschreiben und die ersten Traktate und Bibelteile, die von ihnen eintrafen.

Nun waren die Missionare mitten in ihrem Arbeitsgebiet. Man zählte damals 20 000 Katholiken, 651 000 Hindus und 46 000 Mohammedaner in Kanara. Die etwa 18 Personen zählenden Engländer in Mangalur wurden nur zweimal im Jahr von einem Kaplan besucht und baten die Missionare um einen sonntäglichen Gottesdienst. Die Brüder versuchten es mit ihrem mangelhaften Englisch, und da ihre Zuhörer sich gern damit zufriedengaben, predigten sie abwechselnd jeden Sonntag englisch.

Hebich fühlte sich ungemein wohl in dieser neuen Welt. Er schreibt am 31. Dezember 1834: „Wir können fest glauben, der Herr hat uns hierhergeführt, in seinem Namen stehen wir hier. Dies ist aber noch ein ganz unbearbeiteter Boden, eine geistige Wüste. Im Namen des Herrn haben wir die kanaresische und die Konkani-Sprache gewählt, die erste als die Hauptsprache des Landes, die zweite als die nächstwichtige; dann ist aber noch ein bedeutender Volksstamm hier, die eigentlichen Bauern, die Tulu reden; diesem Volk gehört zunächst das Wort vom Leben; aber um ihre bis jetzt noch schriftlose Sprache zu erlernen, muß man erst das Kanaresische kennen; diese Tululeute haben nichts mit den Engländern zu tun, und nicht einer von ihnen versteht Englisch. Dieses Volk liegt uns auch am Herzen; es soll das Wort des Lebens übersetzt bekommen und gepredigt hören; Sie sehen, wie vieler Hände es bedarf.

Bei einer Wahl von Brüdern, die Sie für uns zur Stütze ausersehen, möchten wir allein solche vorschlagen, die einen geübten Blick auf den gekreuzigten Heiland haben. –

Wir haben hier bisher immer alles reichlich gehabt; auf meinen vielen Reisen ist es mir in jeder Hinsicht schlechter und mühseliger ergangen. Doch geht hierzulande alles sehr langsam, und unseren kleinen Haushalt einzurichten, hat mich viel Mühe gekostet. Mit den versprochenen 2500 Mark pro Jahr glauben wir auszureichen. Wir müssen wohl ein Haus kaufen, was dem Bauen weit vorzuziehen ist. Aber das Äußerliche ist wohl das wenigste. Wie wir durch den Geist Gottes auf viele Geister wirken, so wirken diese wieder auf uns; wenn sich die Seele nicht fleißig von der Urquelle des ewigen Geistes Leben sammelt, so wird sie jenen Geistern konform gemacht, welche sie durch den Geist bekämpfen soll. Gedenket unser; denn nur soviel wir im Geist wandeln, werden wir fruchtbar sein für das ewige Königreich unseres Gottes."

Wie nun die Brüder das Volk um sich her betrachteten, seine Götzendienste mit anschauten und dessen Not beherzigten, mochten sie sich wohl die Sprachengabe wünschen, um flugs unter sie zu treten und zeugen zu können. Wenn aber ein erfahrener Bruder von Bangalur schrieb: Vor zwei Jahren sollten sie doch nichts anfangen, so mußte ihm Hebich zwar recht geben, sofern er seine eigenen Fortschritte in der Sprache berechnete, „mein Herz und meine Geduld werden aber sehr auf die Probe gestellt".

Im heißen April und Mai ging es ihm kümmerlich; doch allmählich lernte er die Leute verstehen, besonders seinen brahmanischen Munschi, der etwas Englisch konnte und bei dem er's nicht lassen konnte, ihm mit den göttlichen Wahrheiten zu Leibe zu rücken. Aber wie fand er diese Menschen „so ganz in der Hand des Satans! Wenn mein Brahmane einmal von der Wahrheit des herrlichen Evangeliums überrascht wird und sein Gewissen seinen Lippen die Zustimmung abzwingt, so kehrt er nach Hause zurück, und am anderen Tag ist nicht nur alles weg, sondern ein größerer Unglaube hervorgewachsen. Dieser wird dann den Tag über durch das Lesen des Worts wieder in gewissem Grad beseitigt, und am nächsten Tag ist es wieder dasselbe Lied. Ihr Aberglaube geht über alle Begriffe; einmal z. B. behauptete er: Hundert Kinder morden ist lange kein so großes Verbrechen, als eine Kuh schlachten.

Neulich hatte ich eine zweistündige Unterhaltung mit drei Brahmanen. Auf die Frage: ‚Wer ist euer Gott, Brahma, Wischnu oder Schiwa?' wurden deren Charaktere mit ihren Taten vorgenommen, wie sie ihre Schastras erzählen, und nun gefragt: ‚Kann das Gott sein?' — Antwort: ‚Aber auch in eurer Bibel nennt sich Gott den Gott Abrahams, Isaaks und Jakobs; wer sind denn diese?' Nachdem es ihnen erklärt war, ließen sie ihre drei Götter auch fahren, die sie auf einem Papier mit drei Nullen bezeichneten, und nun blieb nur eine große Null, die das Urwesen bezeichnen sollte, von dem die drei anderen ihr Wesen erhielten. — ‚Wer ist aber das Urwesen?' — Da wurde auf die Wand gewiesen: ‚Das ist in allem!' — ‚So habt ihr denn keinen Gott', sagte ich ihnen und machte begreiflich, daß der Gott, der Himmel und Erde gemacht hat, nicht in Mauer und Holz, sondern ein persönlicher Gott ist. Aber die Beweise tun es nicht; diese Leute suchen keine Wahrheit und bleiben daher, wie sie waren. Hierher gehört ausharrende Geduld, und nur der Wunsch kann uns beseelen: einen Trieb der Wahrheit in ihnen zu erwecken. Unser Munschi, der den Dolmetscher machte, war am anderen Tag wieder ebenso abergläubisch und ungläubig."

Natürlich fehlte es auch nicht an allerlei Ergötzlichkeiten. Hebich hatte einmal nachdrücklich vor der „offenen" Hölle gewarnt, da fragte ihn ein Knabe ganz artig: „Wollen Sie dann nicht die Güte haben, den Deckel zu schließen?"

Doch nicht nur den Eingeborenen fühlt sich der treue Diener seines Herrn verpflichtet. Ihm, der sich als Schuldner der Heiden sowohl als auch der Namenchristen wußte, konnte es nicht verborgen bleiben, wie zuchtlos viele der Weißen dort lebten. Er schreibt in einem Bericht: „In Mangalur liegt jetzt alles voll Militär. Leutnant C. wohnt bei uns als ein geistlicher und leiblicher Patient; er wird seines Saufens wegen wohl seinen Dienst verlieren. Dazu haben wir auch den trunksüchtigen Dr. P. mit Frau und Kind aufgenommen, die von den Kurgs gefangen waren. Die Engländer kamen sonntags in unser Haus zum Gottesdienst; es geht aber traurig unter ihnen zu; zwei Bombayoffiziere duellierten sich; Leutnant S. (ein erweckter Mann!) hieb einem seiner Soldaten in der Hitze den Kopf ab und läuft Gefahr, gehängt zu werden. (Er kam mit zweieinhalb Jahren Gefängnis davon.) Ein anderer Leutnant schlug seinen Knecht tot. Der Prätendent Kalia Swami aber hängt schon in Ketten, und andere werden folgen."

Diese Zustände drängten den eifrigen Zeugen Christi dazu, auch den Engländern in ganz besonderer Weise mit dem Wort des Lebens zu dienen. Als ihm einmal darüber Vorstellungen gemacht wurden, weil sich jemand in mißliebiger Weise darüber geäußert hatte, schrieb Hebich: „Was C. geschrieben, hat manches Gute, aber in der Hauptsache irrt er gröblich. Bin ich bloß ein Diener Gottes für die Heiden und nicht vielmehr für alle Menschen, zu denen der Herr mich sendet? Ich habe nie an Ausschließlichkeit gedacht, sonst höre ich auf, ein Knecht Gottes zu sein. Ich fühle mich den Engländern verpflichtet: erstens, weil Gott ihnen dies Volk (die Heiden) anvertraut hat, wodurch uns sichtbarlich der Weg zu ihm bereitet ist. Zweitens gibt uns der Herr Tausende von Wohltaten durch sie, durch ihre Regierung usw. (die wir wohl ignorieren mögen; es ist aber nicht billig, nur auf die schwache Seite zu sehen). Drittens, ohne ihre großen Geldgaben könnten die Missionare gar nicht das ausrichten, was sie wirklich tun. — Und soll ihnen für dies alles nicht auch wieder etwas werden? Wie herrlich hat der Herr das Mühen seiner Knechte an ihnen gesegnet! Die Verheißung ist ja an ihnen erfüllt: Ihr sollt die Frucht eurer Liebe zuerst genießen! Läßt er doch keinen etwas umsonst tun und gibt einem jeden auf seinen Kopf, nach dem er tut. Oh, ein gerechter und treuer Gott! — Wenn eine Missionsstation, wo kein Kaplan ist, wöchentlich den Engländern eine Predigt gibt, so ist es nur ihre Schuldigkeit. Die Heiden können außerdem das Wort genug hören, wenn sie selig werden wollen. Natürlich läßt man sich dadurch von den Reisen nicht abhalten. Ich bin mit Freuden bereit, wenn der Herr mich armen Sünder dazu ruft, jedes Jahr ein bis zwei Monate besonders den Engländern hinzugeben, nach meiner Erkenntnis vom Willen des Herrn.

Wenn wir uns den Zugang zu den Herzen der Heiden nicht verschließen wollen, *müssen* wir auch den Europäern, die sich hier aufhalten, predigen; denn jene halten uns immer wieder vor, wir sollten erst an unseren Landsleuten anfangen und sie besser zu machen suchen. Wenn dann unter den Europäern die

Predigt von Christus gute Früchte trägt, so wirkt das auch auf die Heiden zurück."

Und augenscheinlich hat Samuel Hebich unter den Engländern eine besondere Aufgabe gehabt. Ein alter Kaplan sagte einst: „Wirklich, ich glaube, daß dieser Deutsche allein mehr für das ewige Wohl der Engländer in Indien getan hat als einige Dutzend unserer besten Geistlichen!" Und nicht nur Engländer waren es, denen er sich verpflichtet fühlte. Wo immer er mit einem Menschen zusammentraf, brannte ihm die Frage in der Seele: „Kann ich ihm nicht ein Führer zum Heiland werden?" Er sah die Welt als sein Arbeitsfeld an und ließ sich keine Schranken setzen. Ob er Vornehme oder Einfache, Schwarze oder Weiße, Kinder Gottes oder weltliche Leute unter seinem Wort hatte, er sah in ihnen allen Leute, an denen ihm zu arbeiten befohlen war.

Besonders war er in seinem Element, wenn er unter Kindern und jungen Leuten sein konnte. Er glaubte, daß die beste Zeit im Leben, ein wahrhaftiger Christ zu werden, die Jugendzeit ist. Darum suchte er die Jugend vor allem zum Herrn zu führen. Und wie war er dann darauf bedacht, aus den für den Herrn Gewonnenen treue Zeugen zu machen für seinen Heiland, des er war und dem er diente! –

Durch die Übereinkunft der Missionare auf der kanaresischen Küste wurde Hebich hauptsächlich zum Amt eines *Missionsreisepredigers* bestimmt, das um so wichtiger war, weil dadurch das Zeugnis des Evangeliums an viele Stellen getragen wurde, wo man zuvor kaum den Namen Jesus schon einmal gehört hatte. Und wie treu hat er in seiner einfachen Weise überall den Herrn verkündigt und Traktate und Bibelteile verteilt, früh und abends predigend und nachts reisend!

Der Hauptplatz seiner Tätigkeit in Indien aber wurde die alte Stadt Kannanur („Krischnas Stadt") am

Arabischen Meer. Hier lagen zwei Regimenter Militär, eins davon europäisch, und das Hauptquartier der Malabar- und Kanaradivision. Die 20 000—30 000 Einwohner bildeten ein buntes Gemisch allerlei Volks, das unter dem Himmel ist. Hier war Hebich in seinem Element. Er schreibt nach seiner Berufung an das Komitee: „Sie beordern mich nach Kannanur, um daselbst in der Freimütigkeit des Geistes das Werk des Herrn zu treiben. Möge er zu diesem Ihrem Entschluß das Amen sagen! Ich glaube, daß Sie für meine Person nichts Besseres hätten wählen können."

Hier fand er ein fruchtbares Feld reichgesegneter Tätigkeit unter Europäern und Eingeborenen, Offizieren, Soldaten und Beamten. Von hier aus machte er seine Reisen zu den Heidenfesten und nach den Blauen Bergen, überall eine leuchtende Spur des Segens zurücklassend.

Der Mann eines Gedankens

Es ist nicht die Absicht, den ganzen Lebensweg dieses einzigartigen Gotteszeugen aufzurollen. Es liegt uns vielmehr daran, *das* herauszuheben aus diesem gesegneten Leben, was uns vor allem nützlich sein kann, tüchtiger zu werden in unserer Arbeit für den Meister. Und etwas, was besonders bei Samuel Hebich so deutlich hervortrat und als die Stoßkraft seines Wirkens bezeichnet werden kann, ist seine, wir wagen zu sagen, heilige Einseitigkeit. Er sammelte, einer ruhenden Kugel gleich, alle Kräfte auf einen Punkt, um hier aber auch wirksam zu sein wie selten ein anderer. Er war der Mann *eines* Gedankens. Nächst seiner brennenden Liebe zu seinem Herrn Jesus hatte er nur noch *eine* Leidenschaft: Seelen für seinen Meister zu gewinnen. Darin ging er auf, dieser Gedanke trieb ihn Tag und Nacht um und ließ ihn nicht zur Ruhe kommen – freilich weder zu seinem noch der Menschen Schaden.

Der eifrige Menschenfischer war noch nicht lange auf seinem Posten in Indien, als er auch schon anfing, sein Amt auszurichten an den Leuten, zu denen er gesandt war. Einer der Mitarbeiter schreibt: „Hebich widmete sich der Basarpredigt unter heftigem Widerstand der Muselmanen und hatte bald nach mehreren Seiten hin so viel zu tun, daß das Sprachstudium hinfort stillstand und er sich begnügte, mit dem gesammelten Wörtervorrat, zu dem selten eine neue Eroberung aus den Einwürfen der Zuhörer hinzutrat, sein Werk zu verrichten. Er hat es darum nie zu einem angenehmen Stil der Rede, ja kaum zu grammatischer Korrektheit gebracht, sondern sich damit begnügt, als Herold der einfachsten Heilswahrheiten das Amt eines Evangelisten auszurichten."

Er sagte: „Ich kann meine Zeit nicht zubringen, über Sprachen zu grübeln, während Seelen zur Hölle eilen. Ich muß sie vor allem warnen, dem zukünftigen Zorn zu entfliehen." – Er hatte auch nur eine sehr spärliche, ungrammatische Kenntnis des Englischen, das er immer gebrochen sprach, aber stets voll Wärme. Dr. Gundert, ein hervorragender Lehrer und sein intimster Freund, berechnete später einmal sorgfältig jedes Wort in Hebichs Wortschatz der englischen Sprache und fand, daß dieser nur 352 Wörter enthielt. Aber mit diesen wenigen Wörtern fesselte er die Herzen von Tausenden und führte ihrer viele zu Jesus. Es wird erzählt, daß, wenn immer Dr. Gundert den bärtigen Alten ein neues Wort gebrauchen hörte, er sich darüber mehr freute als über den Reichtum des Malajalam.

Freilich wollen wir uns nicht verhehlen, daß, wenn dem Feuereifer dieses gottgeweihten Mannes auch ein reicher wissenschaftlicher Apparat zur Verfügung gestanden hätte, er unter Umständen noch erfolgreicher gewesen wäre, — obgleich andererseits gerade seine holprige Sprache für manche auch eine Anziehung war. Er wollte nie „schön predigen“, er wollte *Seelen gewinnen.*

Ein alter Katechist Hebichs, der in einem lieblichen Palmenhain in Kalikut wohnte, Abraham Chaddyoppen mit Namen, erzählt allerlei köstliche Geschichten, wie der alte Menschenfischer an die Seelen herankam:

Da war Kapitän Robinson in Kannanur. Vater Hebich nahm uns eines Morgens mit zu seinem Haus. Unser Vater ging auf die Veranda. In einer Hand trug er seinen langen schwarzen Stock, in der anderen den Schirm. Er ging nie aus ohne Stock und Schirm. Mit einer tiefen Verbeugung sagte er: „Guten Morgen, Kapitän!“

Mit lauter Stimme rief der Kapitän: „Wer sind Sie?“

„Ich bin ein Botschafter Jesu Christi.“

Darauf sagte der Kapitän: „Ich habe nichts mit Ihnen zu tun. Gehen Sie, ich will Sie nicht hören!“

„Bitte, Kapitän, hören Sie mich! Ich habe zwei Worte mit Ihnen zu sprechen.“

„Nein, nein, ich habe keine Zeit!“

Er ließ unseren Vater auf der Veranda stehen und rannte ins Haus. Aber unser Vater ging nicht von der Stelle; er stand auf der Veranda mit verschlungenen Händen und geschlossenen Augen, still betend.

Der Kapitän kam wieder die Treppe herunter, rief den Diener und fragte ihn: „Ist der Alte gegangen?“

„Nein, Herr.“ Dann kam er wieder heraus und fragte: „Wie heißen Sie?“

„Mein Name ist Hebich.“

„Sind Sie ein Deutscher?“

„Jawohl, Kapitän.“

„Was haben Sie mir zu sagen?“

„Kapitän, sind Sie nicht ein Sünder?“ fragte er, mit dem Finger auf ihn deutend.

„Was meinen Sie? Ich ein Sünder?“

„Sind Sie bereit, Gott zu begegnen?"

Der Kapitän schaute verwirrt um sich, eilte dann wieder ins Haus, unseren Vater allein stehenlassend, rief seine Frau und sagte: „Komm, hier unten ist ein Mann Gottes!" Des Kapitäns Frau fragte dann: „Sind Sie ein Missionar?"

„Ja, liebe Frau, ich bin ein Missionar."

Dann fragte unser Vater den Kapitän: „Beten Sie, ich meine, halten Sie Andacht in Ihrem Haus? Haben Sie eine Bibel?"

Die Frau antwortete: „O ja, wir haben eine Bibel, beten aber nur zuweilen."

Jetzt erst sagte der Kapitän: „Wollen Sie hereinkommen, Herr Hebich?"

Dem Burschen rief er zu: „Bring einen Stuhl!"

Unser Vater setzte sich. Die Frau scharf ansehend und mit dem Finger auf sie deutend, fragte er: „Gaben Sie dem Herrn Jesus Ihr Herz?"

„Ich hoffe es."

„Hoffen? Ich möchte erfahren, ob Sie Gewißheit haben. *Gaben* Sie Ihr Herz Jesus?"

Die Frau schwieg. Hebich sagte nun: „Lassen Sie mich Ihre Bibel sehen!"

Man zeigte ihm eine neue Familienbibel. Er nahm sie in die Hand und sagte: „O lieber Kapitän, was haben Sie für einen kostbaren Schatz!" Der Kapitän schwieg jetzt auch.

Danach las unser Vater ein Kapitel, kniete nieder und betete. Nachdem er „Amen" gesagt hatte, begannen der Kapitän und seine Gattin zu weinen und sagten: „Jetzt haben wir es erkannt. Unser Leben ist ein Jammer. Sie müssen für uns beten!" Danach verließ sie unser Vater und ging.

Als er zum Missionshaus zurückkam, rief er alle Katechisten, indem er die kleine Glocke läutete, und sagte ihnen allen: „Ich habe einen neuen Kapitän und seine Frau; ihr müßt alle für sie beten!"

Auch seine Soldatenbrüder rief er und sagte ihnen: „Ihr müßt beten für den neuen Kapitän und seine Gattin!"

Soweit der alte Katechist in seiner schlichten Sprache.

Bei jeder Gelegenheit wußte Hebich seine Botschaft anzubringen und seinen Herrn dadurch zu verherrlichen. Einmal war es in einer großen Abendgesellschaft während einer Pause, die in der Unterhaltung eintrat, als Hebich plötzlich fragte: „Für wen ist Jesus gestorben?"

Es wurden verschiedene Antworten gegeben: „Er starb für Sünder." — „Nein."

„Er starb für alle Menschen." — „Nein."

„Er starb für die ganze Welt." — „Nein."

Er starb für die Juden, für die Römer, für die Soldaten." — „Nein, nein, nein!"

Zuletzt ließ sich die schüchterne Stimme eines jungen Mädchens vernehmen aus einer Ecke des Saals her: „Er starb für mich."

Diese Antwort überwältigte den ehrwürdigen Diener seines Meisters so, daß er sein Taschentuch hervorzog, sich die Augen wischte und tief ergriffen schluchzte: „Ja, für mich! Für mich armen Sünder! Jesus starb für mich!" Die tiefe Bewegung, die sich der Anwesenden bemächtigte, benutzte der Heilige Geist dann, die Leute zum Kreuz zu leiten. Das Wohltätigkeitsfest endete mit einer Erweckungsversammlung.

Josenhans, einer der ersten Inspektoren der Basler Mission, urteilte von ihm: „Hebich ist kein Gelehrter, aber ein Praktiker, der, was andere am Schreibtisch ausdenken, ins Leben einzuführen versteht, ein Prediger des Kreuzes, der seine Fahne hoch und freudig schwingt und durch Sturm und Graus hineinträgt mitten ins Hauptquartier der Feinde, dort sich setzt und die wider ihn sich Sammelnden mit stets neuer Streitlust in die Flucht jagt. Hebich ist, was die Hauptsache ist, ein Christ, dem man es im Augenblick des ersten Zusammentreffens und allezeit abfühlt, daß der Herr in seiner Seele lebt und daß er unter die gedemütigten und zerschlagenen Geister gehört, denen der Herr Gnade um Gnade schenkt. Daher ist denn auch sein Wirken so reich gesegnet und läßt ihm der Herr so vieles gelingen."

Nicht immer konnten ihn seine Brüder verstehen. Der Herr hatte dieses sein auserwähltes Rüstzeug besonders genommen und in eigener Art zubereitet zum Dienst. Darum konnte er auch nicht in Sauls Rüstung gehen. Kirchenbildung und Lehrstreitigkeiten hatten keinen Reiz mehr für ihn; er suchte lebendige Steine zum großen Tempel des mächtigen Gottes zusammen. Der praktische Sinn des ehemaligen Kaufmanns war dem Herrn geweiht und hatte sich gänzlich in den Dienst der Sache Christi gestellt. Vom Disputieren hielt er wenig; ihm stand es fest, daß die Religion zwölf Zoll tiefer sitzen müsse als in unserem grübelnden Hirn — im Herzen allein werde der Kampf entschieden; darum wandte er sich auch immer gleich ohne Umschweife dorthin. Ergreifend schreibt Hebich einmal heim, als man nicht ganz einverstanden war mit seiner Weise:

„Ich bin gewiß, daß für uns die Zeit noch nicht gekommen ist, durch Formeln und Gesetze eingeschroben zu werden; was wir bedürfen, ist eine Wiederbelebung von oben durch seinen werten Heiligen Geist. Der Teufel stiehlt uns hier das Leben aus Gott weg, und dann bleibt nur noch das stinkende Teil des Menschen, natürlich voll schöner Reden und aller Weisheit, wobei aber der Herr Jesus nicht mehr Anfang und Ende ist. Aus dem entspringt unser Jammer hier draußen. Steuern Sie um Gottes willen unter uns hier draußen dem Leben aus Gott zu! — Ich will ja gern alles andere vergessen und Gehorsam lernen;

aber ihm, dem Gekreuzigten, laßt mich dienen und bindet mir die Hände nicht, ich bitte Euch!"

Den Besuch eines Payawurgötzenfestes in den Bergen schildert Hebich einmal sehr anschaulich: „Unter einem einladenden Banianbaum war auch für uns eine etwas größere Laube errichtet; aber was sollte das für so viele? In allen drei Straßen Eß- und Trinkwaren in Menge, besonders Branntwein zum ‚würdigen' Schluß des Festes. Die drei Wege, an denen die Lauben und Hütten der Festgäste stehen, vereinigten sich am Ende zu einer ziemlich breiten Straße, neben der rechts und links zwei ummauerte Baumgüter liegen. Nach langem Wählen bestieg ich eine dieser Erdmauern mit meinen Leuten, legte Kappe und Stock nieder, faltete die Hände und fing in stillem Gebet an, im Namen Gottes, des Vaters, des Sohnes und des Heiligen Geistes. Dann sangen wir dem einigen Herrn und Gott – wohl ein unerhörter Schall in diesen Bergen –, und die Leute strömten herzu. Dann Gebet und nun eine freudige Ansprache an das versammelte Volk über den Zweck meines Kommens, nämlich nicht in meinem Namen noch in eines anderen Menschen Namen noch im Namen der Obrigkeit, sondern im Namen dessen, der ihr und mein Schöpfer sei. Diese meine Ansprache ist so ziemlich überall dieselbe, nur daß ich das eine Mal mehr bei dem Abscheu, den Greueln und dem Lügenwesen der Götzen, dann mehr bei der Aufzählung anderer Sünden verweile; jetzt Gottes Liebe, dann seinen Zorn verkündige, oder die Herrlichkeit der Stadt Gottes gegen die Pein der Hölle halte. Alles, wie es mir gerade der Herr gibt. Ich erlaube aber keinem, dareinzureden, sondern lade die Fragelustigen zu meiner Wohnung ein. Da sie meistens Feinde sind, die den Prediger gern verachtet sehen, darf man ihnen im öffentlichen Vortrag nicht Raum zum Stören geben. Dazu erbitte ich mir auch immer besonders die rechte Autorität Gottes. – Da wir müde waren, begaben wir uns für diesen Tag zur Ruhe. Am nächsten Tag wurde um 5 Uhr aufgestanden. Andacht mit Gebet über einen Psalm, wozu sich auch Fremde einfanden, und dann im Namen Jesu auf den Basar. Ein Baum bot uns Schatten, wo wir gestern anfingen. Zum Schluß hielten aber auch meine drei Gehilfen jeder eine Ansprache. Die Hörer waren weder so zahlreich noch so ruhig wie gestern. Dann heim zum Frühstück. 50 bis 100 Leute umlagerten immer unser Zelt, die ich niedersitzen ließ und ihnen Gottes Ratschluß zu ihrer Seligkeit erklärte, auch den Lesenden Traktate gab. Hatten sie genug, so mußten sie andern Platz machen, und so ging's Tag für Tag fort bis zum Essen um 3 Uhr, worauf wir uns wieder mit Gebet im Zelt stärkten und den Namen Jesus außen verkündigten. Mittwoch war der Haupttag. Das Zelt war den ganzen Tag voll. Meine Tahyfischer kamen auch dorthin. Es war ein schöner Tag, ob mir gleich der Schweiß immerfort wie Wasser herablief."

Am Donnerstag gab es dann Störungen und viele Steinwürfe, bei denen Hebich wie durch ein Wunder bewahrt blieb, und auch in seinem Zelt hätte er keine Ruhe gefunden, wenn nicht die Polizei die Hauptaufrührer vertrieben hätte. Voll Dank schreibt Hebich aber doch: „Ich habe den Eindruck, daß die Predigt durch die ganze Masse von 10 000 bis 15 000 Leuten hindurchgedrungen ist. Die Bücher habe ich alle verteilt. Die Leute haben im allgemeinen gern zugehört, der Störer sind nur einige wenige, die aber durch ihre Bosheit viele aufzuwiegeln imstande sind.

Ein solch konstantes Predigen in solcher Hitze und auf dem Feld ist schwer zu beschreiben. Lob und Dank dem Herrn, der Kraft dazu gibt!"

Ein alter Katechist beschreibt im folgenden die Art, wie der Seniormissionar neuankommende Missionare bewillkommte:

Wenn unser Vater hörte, daß ein Schiff in Sicht war, das neue Missionare brachte, ging er zum Koch und sagte ihm: „Peter, neue Missionare kommen. Du mußt heute ein gutes Essen kochen. Die neuen Missionare können nicht Reis und Pfeffersoße essen, wir müssen etwas Besseres geben."

„Jawohl, Master, ich kochen gutes Essen; ich weiß, was neue Missionare lieben zu essen."

„Das ist recht, Peter. Mach eine recht gute Suppe und brate das Fleisch ordentlich für die neuen Missionare!"

Dann nahm unser Vater seinen großen Stock und seinen Sonnenschirm und ging zum Zollhaus, wo er die Ankömmlinge empfing und ihnen auf alle erdenkliche Weise half. Er gab jedem neuen Bruder einen Kuß und sagte: „Willkommen, willkommen, lieber Bruder, bei der herrlichen Armee unseres Gottes!"

Dann brachte er sie zum Missionsgehöft, nahm sie aber nicht mit ins Haus, sondern führte sie in die Kapelle. Er läutete die Glocke, um die Katechisten und alle Bewohner der Station zusammenzurufen, und stellte dann dem Volk die Brüder vor: „Dies ist Bruder Soundso, und dies ist Bruder Soundso. Wißt ihr, wer sie sind? Es sind Krieger, die gekommen sind, mit dem Teufel zu fechten. Ihr müßt alle für sie beten, viel für sie beten. Nun laßt uns beten!"

Dann kniete unser Vater nieder und betete für sie, jeden einzelnen bei Namen nennend, und flehte, daß Gott sie tapfer und kühn machen möchte.

Nachdem er von seinen Knien aufgestanden war, setzte er sich vor die neuen Missionare und redete jeden an: „Bruder, du bist ein junger Rekrut. Ich bin ein alter Krieger, höre auf mich! Du mußt in Indien gegen mancherlei Teufel kämpfen. Hier sind Teufel allerlei Arten: Hindus, Mohammedaner, Brahmanen und andere Teufel. Du mußt dein Gewehr gut laden. Bruder, was ist dein Gewehr?"

„Die Bibel."

Richtig; halt sie geladen und feure in die Menge, und du wirst immer Sieg haben."

Dann wandte sich unser Vater zu uns und sagte: „Pullagallu, meine Kinder, betet, o betet viel für diese neuen Rekruten! Ihr kennt die Teufel hier im Land, sie kennen sie noch nicht. Bittet Gott, ihnen zu helfen, diese Teufel zu töten mit dem Gewehr des Wortes!"

Dann ging man aus der Kirche hinaus, und nun nahm unser Vater die neuen Missionare in sein Haus. Peter brachte das Essen, und jetzt wurde auch der Leib gestärkt.

Bolzengerade

Samuel Hebich ging immer gerade auf sein Ziel, das Menschenherz, los. In schonungsloser Freundlichkeit zeigte er den Leuten ihre Fehler und ihre Sünden, wobei er sich nie lange bei Nebensächlichem aufhielt. Bolzengerade, wie man gesagt hat, richtete er seine Fragen an die, die seinen Weg kreuzten. Bald nach seiner Ankunft in Indien finden wir ihn während einer Reise eines Tages in einem englischen Gottesdienst, wo er nach Verlesen einer Predigt durch einen frommen Offizier seinen Nebensitzer unvermittelt fragt: „Sind Sie ein Kind Gottes (denn ich liebe kurze Fragen)?" Auf ein freudiges Ja des Angeredeten kamen alsbald noch andere Offiziere herzu, denen er seine Freude bezeugte, unter der roten Uniform Herzen zu finden, die den Herrn suchen.

Auf dieser Reise gelangte er auch nach Bangalur, einer großen Militärstation, vor der ihm ein paar eingeborene Christen entgegenkamen, bei deren Begrüßung Hebich sich der Tränen nicht enthalten konnte. Waren es doch die ersten evangelischen Kanaresen, die er sehen durfte. Bei den Londoner Missionaren fand er freundliche Aufnahme und reichliche Gelegenheit, das Wort Gottes zu verkündigen. „Statt der 30, die sonst an Sonntagen sich einfanden, kamen am 1. November wohl 150 Seelen; dies machte die Neugierde, einen Deutschen gebrochen englisch predigen zu hören. Sie führen mich auch zu den Großen, denen ich herzhaft ans Herz spreche. Bruder C. meinte, wenn er dem Residenten solche Wahrheiten sagen wollte, würde ihn der zur Tür hinauswerfen", berichtete er.

Bösinger, der erste Missionskaufmann der Basler Mission, erzählt: Eines Tages kamen wir bei einem Spaziergang an das Landhaus eines Ingenieurs. „Komm", sagte Hebich, „laß uns zu dem Mann gehen!" Ich folgte ihm widerstrebend in das Haus, da mir der Besitzer ein Fremder war. Sobald Hebich diesen aber sah, sagte er zu ihm: „Ich komme, Ihnen zu sagen, daß Sie sich schämen sollen, Gott und Ihr Vaterland so zu entehren durch Ihr sündiges Leben."

Der Angeredete erwiderte: „Das ist nicht Ihre Sache!"

Darauf rief Hebich laut, mit beinahe zorniger Stimme, so groß war sein Eifer: „Das ist meine Sache! Als ein Diener Jesu Christi muß ich alle Sünde und Ungerechtigkeit aufdecken. Ich fordere Sie auf im Namen des gerechten Richters, bekehren Sie sich von Ihren Sünden!"

Diese Anklage machte den Ingenieur sehr zornig. „Verlassen Sie mein Haus, Herr Hebich", schrie er; „ich rief Sie nicht und will Ihren aufdringlichen Wortschwall in meinem Haus nicht hören!"

„Nein, niemals", erwiderte dieser, „ich gehe nicht, bis Sie Ihre Sünde bekennen und Gott um Vergebung bitten auf Ihren Knien, damit solch entehrendes Leben aufhöre. Sie sind ein schlechter Mensch und sollten sich schämen! Knien Sie nieder und bekennen Sie Ihre Sünden, oder Sie fahren zur Hölle, zu den Teufeln, denen Sie dienen! Ich verlasse Sie nicht eher, als bis Sie meiner Botschaft Gehör geschenkt haben!"

Darauf sprang der Mann erregt auf und sagte: „Wenn Sie nicht gehen, dann gehe ich!"

Er gab seinem Diener Befehl, sein Pferd zu satteln, und verließ uns ohne ein weiteres Wort. Bald sahen wir ihn davonreiten in rasendem Galopp. Dann verließen wir ebenfalls das Haus.

Ich fühlte mich bedrückt über Hebichs Schroffheit und bemerkte: „Nun haben Sie alles verdorben durch Ihre harten Worte! Es ist doch nicht nötig, so mit der Tür ins Haus zu fallen!"

Der Alte lächelte nur und sagte: „Ich habe ihn jetzt an einem Angelhaken, den er nicht wieder loswerden wird!"

Er hatte recht! Ehe er freilich solch einen Menschen besuchte, brachte er immer erst viel Zeit zu im Gebet für ihn. Nur wenn er die Gewißheit des Sieges im Gebet erhalten hatte durch das Zeugnis des Heiligen Geistes, ging er zu den Leuten; dann kam er aber auch als Sieger! Drei Tage nach diesem stürmischen Besuch in des Ingenieurs Haus schrieb dieser an Missionar Hebich ein paar Zeilen:

„Lieber Herr Hebich, kommen Sie um Gottes willen einmal zu mir! Ich habe keinen Augenblick geschlafen, seit Sie hier waren. Ich bin verloren! Ich finde weder Frieden noch Ruhe. Mein Gewissen verdammt mich. Ich bin in einer Hölle. Was muß ich tun, daß ich errettet werde?"

Dann brachte Hebich den Herrn Jesus zu dem Mann und den Mann zum Herrn Jesus. Bald sah der Ingenieur den Heiland am Kreuz und konnte es glauben, daß der blutende Erretter auch ihn mit seinem kostbaren Blut gewaschen hatte von allen seinen Sünden.

Dieser Ingenieur bewies in den folgenden Jahren durch sein reines, beständiges, demütiges Leben, daß er wirklich Buße getan hatte und in der Tat ein treuer Jünger Jesu geworden war. –

„Ein Zeuge Gottes kann den Mund gar nicht auftun", sagt Hebich einmal in einer Predigt, „ohne dich zu beleidigen. Das kommt daher, daß du nicht weißt, wer du bist – das ist die große Finsternis, die in dir ist. Laß dich belehren – dir aufdecken, wie schlecht du bist –, die Wahrheit macht frei!"

„Sind Sie gewiß?" war eine beliebte Frage dieses Menschenfischers, wodurch er manchen Mann und manche Frau zum Nachdenken über ihr Seelenheil brachte. –

An einer Offizierstafel erzählte General J. P. Carnegy, wie er zum erstenmal den schlagfertigen Deutschen getroffen habe. Er berichtet: Als ich einmal gerade bei Sonnenuntergang im Boot Kannanur zuruderte, hörte ich plötzlich jemand rufen: „Halt! Halt!"

Ich veranlaßte den Bootsmann anzuhalten, um zu sehen, was es gäbe. Wir hatten eben angelegt, als ein wunderlich aussehender Mann ins Boot kam mit den Worten: „Guten Abend! Wohin gehen Sie?"

„Nach Kannanur!"

„Sind Sie dessen gewiß?"

Lächelnd über diese einfältige Frage antwortete ich: „Freilich bin ich gewiß, dorthin zu kommen!"

„Sind Sie ebenso gewiß, sich auf dem Weg zum Himmel zu befinden, als Sie Gewißheit haben, nach Kannanur zu kommen? Denken Sie darüber nach! Gute Nacht!"

Mit diesen Worten verließ mich Herr Hebich, denn er war der fremde Besucher. Ich dachte über die Frage nach und betete auch darüber, bis ich die Gewißheit des Heils hatte! –

Eines Tages besuchte er einen Hauptmann von einem Regiment, das später im Volksmund den bezeichnenden Namen „Hebichs Leibregiment" bekam, und fing mit der Frau des Hauses ein Gespräch an. Ihr Mann war gründlich bekehrt und fühlte sich sehr zu Hebich hingezogen. Es waren beides originelle Leute. Nun war es Kapitän Dobbie ein Anliegen, auch seine Gattin gerettet zu wissen. Im Verlauf der Unterhaltung fragte Hebich plötzlich die Frau: „Haben Sie Ihr Herz dem Herrn Jesus gegeben?"

„Ich hoffe es", war die Antwort.

„Ich begehre nicht zu wissen, was Sie hoffen!" Mit dem Finger auf sie zeigend, fuhr er fort: „Ich legte Ihnen eine einfache Frage vor. Nun sagen Sie mir, gaben Sie dem Herrn Jesus Ihr Herz?"

„Ich denke, ich tat es", erwiderte die Frau Hauptmann, die ganz in Verlegenheit geriet durch des fremden Mannes bestimmte Fragen.

„Hoffen und Denken! Das ist es nicht, was ich zu wissen wünsche!"

Plötzlich änderte Hebich seine Art und fragte in gewöhnlicher Weise: „Nebenbei bemerkt, Frau Dobbie, haben Sie gefrühstückt?"

„Ja freilich!" war die prompte Antwort.

Dann sagte Hebich sehr ernst, beinahe scheltend: „Sie vermessene Frau, Sie! Wie erkühnen Sie sich, ja zu sagen? Sie haben zu sagen: ‚Ich hoffe, ich habe', oder ‚ich denke, ich habe!' Wenn Sie so gewiß sind, gefrühstückt zu haben, warum können Sie dann keine Gewißheit darüber haben, ob Sie Ihr Herz Jesus gegeben haben?"

Dann folgte eine Erklärung seines geliebten „Herzbüchleins", wodurch er einen tiefen Eindruck auf beide Ehegatten machte. Später gebrauchte Hebich aber etliche sehr gewöhnliche Ausdrücke und sprach so unverblümt von den schlimmen Tieren in ihrem Herzen, daß die Frau Hauptmann sich sehr entrüstete und das Zimmer verließ mit der Bemerkung, sie habe keine Lust, noch länger einem Mann zuzuhören, der so wenig Lebensart kenne.

Nach einer geraumen Zeit überzeugte ihr Mann sie aber doch, daß sie dem ehrlichen deutschen Missionar unrecht getan habe und ihre Seligkeit aufs Spiel setze durch die Weigerung, seine Botschaft zu hören. Sie gab allen Widerstand auf und ging wieder, Hebich zu hören. Bald legte sie sich als eine arme Sünderin zu Jesu Füßen. Sie nahm den Heiland an als den Geliebten ihrer Seele und gab ihm ihr ganzes Herz und ihr Leben. Von diesem Tag an lebte sie nur noch für die Ehre Gottes und suchte Seelen zu gewinnen für ihren Meister. Wie das Werkzeug, das Gott gebraucht hatte, sie zu Jesus zu führen, hatte diese edle Christin ähnliche Erfolge in ihrer Arbeit für den Herrn. Sie durfte vielen den sicheren Felsen des Heils zeigen, wo das Menschenherz Frieden und ewigen Halt findet.

Einem Bericht seiner Mitarbeiter entnehmen wir folgendes: „Hebich zog nach der großen Militärstation Belgaum, wo er von morgens bis abends Großen und Kleinen predigte, dem General wie den Soldaten, Frauen und Kindern, so einfältig und gewaltig, daß vieler Herzen offenbar wurden. Er fragte nicht, ob einer hören wollte; mit seinem Testament in der Tasche zog er von Haus zu Haus. Manche entschuldigten sich oder liefen davon; es half ihnen nichts. Kaum ein Europäer war auf der Station, dem er nicht Leben oder Tod vorgehalten hätte. Obgleich er die Wahrheit in seinem unvollkommenen Englisch sehr deutsch sagte, die Leute Lügner hieß (das ärgste für englische Ohren), den angesagten Ball von der Kanzel herab als Teufelsfest charakterisierte, gewann er doch die Achtung und Liebe der meisten. Ein Ingenieurleutnant wurde plötzlich erweckt, viele andere zum Suchen des Heils angetrieben; daß mehrere Damen nicht auf den Ball gingen und Hebich darüber mit dem sonst gutmütigen, heiteren Kaplan hart zusammentraf, erregte großen Lärm. Die gläubigen Offiziere waren so erfreut, daß sie vorschlugen, Hebich solle die Mission unter Engländern zu seinem Hauptgeschäft machen, und sich bereit erklärten, ihn dazu auszurüsten; doch erschien ihm das, wie auch uns, zunächst untunlich."

Eine Dame sagte ihm in Gegenwart ihres Gatten, eines philosophierenden Arztes: „Sie predigen so schrecklich!" wozu der Doktor bemerkte: „Sieh nur, ich kann zu allem lachen, was Herr Hebich sagt." Darauf Hebich: „Ja, jetzt lachen Sie; aber sterben Sie erst, und dann sprechen Sie wieder mit mir!"

Ein früherer Kaplan in Kannanur erzählt: Bei einem Besuch, den Hebich in Madras machte, ging er eines Tages zum St.-Thomas-Berg, um den Soldaten dort das Evangelium zu predigen. Als der alte Mann die Straße entlangging, sah ihn ein Major kommen. Er rief seinen Diener und sagte diesem, wenn der „Padre" am Ende in sein Haus kommen sollte, dürfe er ihn nicht hereinlassen, sondern solle ihm sagen, der Major sei nicht daheim.

Es scheint, daß Hebich den Major auch gesehen hatte, denn auf einmal steuerte er auf dessen Haus zu. Der Bursche stand in der offenen Tür und sagte: „Padre Sahib (Lehrer) muß nicht hereinkommen, Master (der Major) nicht zu Haus!"

„Doch, er ist hier!" erwiderte Hebich.

„Nein, nein! Er ist nicht zu Haus. Padre Sahib muß nicht hereinkommen!"

Den Burschen zur Seite schiebend, trat Hebich ins Haus. Er ging in das eine Zimmer, der Major war nicht dort. Er ging in ein anderes und fand auch da den Mann nicht. Er sah in die Schlafstube und ging ins Eßzimmer, aber nirgends konnte er das edle Wild entdecken, dem er nachjagte. Zuletzt kehrte er in das erste Zimmer zurück, wo ein großes Sofa stand, das mit einer langfransigen Borte verziert war, deren Fransen bis an den Fußboden hingen. Sich bückend, erspähte Hebich den Offizier unter dem Sofa, wo er sich versteckt hatte.

Bild aus dem Herzbüchlein von J. Goßner

„Kommen Sie hervor, Sie Feigling!" rief er. Der Major kroch unter dem Sofa hervor und stand vor dem Gefürchteten.

„Sie Feigling, setzen Sie sich!" Der geheimnisvolle Einfluß Hebichs zwang ihn auch zum Sitzen.

„Hören Sie Gottes Botschaft, Sie Feigling!" Nun predigte er diesem Mann ernstlich die Unmöglichkeit,

Bild aus dem Herzbüchlein von J. Goßner

sich vor dem allsehenden Auge Gottes verbergen zu können. „Wo Adam zu kurz kam", sagte er ihm, „haben Sie gar keine Aussicht zu entrinnen. Sie müssen sich bekehren von all Ihren Sünden!" Bald kniete dieser Offizier mit ihm nieder und rief zu Gott um Vergebung. Er wurde ein mutiger Bekenner Jesu. –

Hier sei noch eine Geschichte erzählt, in der das

von Hebich so gern benützte Herzbüchlein eine besondere Rolle spielt.

Ein alter Einwohner von Bangalur erzählt: Zwei junge Offiziere auf einer einsamen Station hatten viel gehört über Hebichs Absonderlichkeiten. Sie schrieben ihm und luden ihn zum Mittagessen ein, um ihren Spaß mit ihm zu haben. Er nahm die Einladung an und benahm sich zum größten Erstaunen seiner Gastfreunde bei der Tafel als ein vollendeter Gentleman, plauderte in angenehmer Weise, gab Reiseerlebnisse zum besten und zeigte ein sehr gesellschaftliches und angenehmes Wesen. Wiederholt warfen sich die Offiziere verwunderte Blicke zu, die einander zu sagen schienen: „Der Mann ist ja ein feiner Herr von ausgezeichneten Manieren! Er sagt nichts Absonderliches. Wir wundern uns, warum die Leute so viel Redens von ihm machen."

Als das Mittagessen eingenommen war, zündeten die jungen Leute sich eine Zigarre an und fragten den Missionar: „Herr Hebich, spielen Sie auch Karten?"

„O gewiß, ich spiele Karten!" erwiderte er.

Nachdem die Tafel abgetragen war, wurde ein Spiel Karten hervorgeholt. Als aber die Offiziere eben anfangen wollten, die Karten auszugeben, unterbrach sie Hebich, indem er sagte: „Meine Herren, ich spiele Karten, doch ich bringe immer meine eigenen Karten mit. Ich kann mit Ihren Karten nicht spielen!"

Darauf zog er zehn Karten aus seiner Tasche, auf die er die beliebten Bilder aus dem Herzbüchlein geklebt hatte. Er spielte die erste Karte aus, die das natürliche Herz des Menschen darstellt, und sagte: „Meine Herren, dies ist Trumpf! So sind eure Herzen! Ihr ladet mich zum Essen ein und denkt mit einem alten Mann einen Hauptspaß zu haben. Nun, ich zeige euch eure Herzen. Seht, der Teufel ist drin und sitzt auf dem Thron und nicht der Herr Jesus! Ihr habt all das Teufelsvieh in euren Herzen: den Pfau des

Stolzes, den Schakal der Betrügerei, die Schlange der Falschheit, die Ratte der Spielsucht, den Hund böser Lust, die Völlerei und Unmäßigkeit des unreinen Geiers. Ja, alle Leidenschaften sind in euren Herzen so groß wie der Elefant. Gottes Geist kann nicht in euer Herz kommen wegen dieses schlimmen Viehs. Treibt diese Teufelsmenagerie aus!"

In dieser Weise predigte der Alte den jungen Leuten weiter, bis sie mit ihm im Gebet knieten und ihre Sünden vor Gott bekannten. Sie wurden bald Nachfolger des Herrn Jesus, trieben des Teufels Menagerie aus ihren Herzen, setzten den Herrn Jesus auf den Thron und machten ihre Herzen zu einer Wohnung des Heiligen Geistes. –

Ein begabter Mann, der sich vergeblich bemüht hatte, besser zu werden, und den Hebich durch seine direkte Art vom Rand der Verzweiflung weggerissen hatte, sagte einst einem wackeren Geistlichen — und wir tun gut, es uns ebenfalls sagen zu lassen: „Lernen wir doch etwas von Hebichs Beispiel! Ich meine, Sie legen vor den Seelen viel zu weitläufige Laufgräben an; im allgemeinen ist es doch geratener, die Leute frisch aufzuschrecken und große Augen machen zu lassen."

„Je mehr du in Furcht und Zittern vor Gott wandelst, desto mehr schwindet Furcht und Zittern vor Menschen von dir weg: das ist das Wunderbare", lesen wir in Hebichs Aphorismen.

Ein weiser Menschenfischer

Ja, Samuel Hebich verstand es, Menschen zu fangen, um sie dem Liebeslohn seines Heilands hinzuzufügen. Wie fing er es nur auch an? fragen alle diejenigen, die auch ein heißes Verlangen im Herzen tragen, viel

Frucht zu schaffen im Dienst des Herrn. Wir wollen in diesem Kapitel einen Blick tun in die Gerätekammer des klugen Seelengewinners und dann auch den unermüdlichen Arbeiter in seinen Methoden belauschen.

Sein Netz war das Wort! Das teure, untrügliche Wort Gottes, „das Buch", wie er es nur kurz nannte. Denn in dem Buch fand er auf jeder Seite den gekreuzigten Heiland. Daraus schaute ihn Jesus an in der Herrlichkeit seines Mittlertodes. Und Jesus und nur Jesus war es, den er immer wieder den Menschen anpries als den Magnet, der uns anziehen müsse, um aus der Welt und ihrem Treiben herauszukommen. — Er hatte das Wort Gottes erpobt. Sein eigenes Herz war dadurch gefangen worden für Christus. Und wieder und wieder machte er die Erfahrung: Es ist seinesgleichen nicht! „Wir haben das ‚Buch'", sagte er in einer Predigt, „und das ist der Befehl Gottes, dem alle, ohne Ansehen der Personen, gehorsam werden sollen, und zwar heute soll ich gehorsam werden, *heute*, nicht nach dem Tod, und da ist niemand ausgenommen, weder ich noch ein anderer; wenn du nicht gehorsam bist, gehst du verloren!"

Wie Hebich einen Major in den Maschen dieses wunderbaren Netzes — dem Wort Gottes — fing, lassen wir in folgendem diesen selbst erzählen:

Die Art, wie ich mit Hebich bekannt wurde, war so fremdartig wie er selbst.

Unser Bataillon lag in Madras während eines der heißesten Passatwinde, deren ich mich erinnern kann.

Den ganzen Tag über lag die Kaserne so still da, als sei alles ausgestorben, denn für Europäer war es nur vor Sonnenaufgang und nach Sonnenuntergang möglich, sich zu bewegen. Langeweile war unser Los, während unsere Stimmung natürlich nicht in der besten Verfassung war bei diesem erzwungenen Müßiggang. Mitten in diesen Zustand hinein kam die Neuigkeit: „Hebich ist gekommen!" Das war der einzige Gesprächsgegenstand an der Tafel im Kasino. Etliche hatten ihn gesehen, aber die meisten und auch ich wußten von ihm nur durch Hörensagen.

„Sie werden ihn alle bald kennenlernen ohne irgendeine Einführung", sagte einer der Anwesenden, „denn Hebich geht, wohin er will, und niemand kann ihm entwischen!"

Ich hatte meine eigenen Gedanken, behielt sie aber für mich, bis ich mehr von ihm hören würde.

„Wer ist dieser Hebich, der sich so frei bewegt?" fragte ich.

Etwas in dem herausfordernden Ton meiner Stimme brachte meine Kameraden zum Lachen und bewog sie, sich an mich zu wenden.

„Sie werden der erste sein, an den er versuchen wird, Hand anzulegen", wurde ich belehrt, „denn er wird bald hören, was Sie für ein besonderer Sünder sind! Herr Major, Herr Hebich ist ein Deutscher, der hier herauskam, die braunen Heiden zu bekehren; aber er sagt, er habe hier weiße Heiden gefunden, mit denen er uns Europäer meint, die das Evangelium noch nötiger haben. Er bringt seine Zeit damit zu, die Militärstationen zu besuchen, und gar manchen hat er das ‚Blaue Licht' (Signallicht) aufgesteckt bei seinen Visiten!"

Der Ton, in dem diese Erklärung gemacht wurde, brachte all mein böses Blut in Wallung, und ich gebrauchte etliche starke Worte über Hebich und seine „neugierige Aufdringlichkeit", die hier nicht aufgeführt zu werden brauchen. Ich schloß meine Auslassungen über Hebich mit der Bemerkung, daß ich ihn schleunigst hinauswerfen würde, wenn ich ihn je in meinem Hof finden würde.

Ehe einige Tage verstrichen waren, hatten wir beinahe Herrn Hebich vergessen; es war zu heiß, um lange an etwas denken zu können. –

Ich glaube, es war gerade die heißeste Tageszeit

wenn überhaupt ein Unterschied gemacht werden konnte, denn es war immer heiß, jeden Tag gleich. Außer den Braunen war niemand um den Weg. Ich lag nachlässig, eine Zigarette rauchend, auf dem Ruhebett und lauschte träumend dem leisen Knarren des Punkah (großer kreisender Fächer) über mir. Türen und Fenster waren alle offen, nichts lag ferner als der Gedanke an einen Besuch — da wurden Schritte durch die Veranda laut. Ich hörte mit Erstaunen eine immer klarere Ausprägung einer besonderen Persönlichkeit in den Schritten des Kommenden. Es war etwas schier Bezauberndes in diesen gleichmäßigen bestimmten Schritten, was einen unwillkürlich lauschen ließ. Sie brachten die Vorstellung von Würde und Befehl nahe.

Ich horchte nach irgendeinem Zeichen des Empfangs von seiten des Dieners. Doch dieser hatte wohl die Gelegenheit der Hitze auch wahrgenommen und machte allem Anschein nach ein Schläfchen auf eigene Rechnung. Die Tritte durchquerten den Vorderraum und näherten sich der Tür meines Zimmers. Ich wandte meinen Kopf, zu sehen, wer denn das sein könnte, und plötzlich stand ein großer, hagerer Mann vor mir! Seine erste Erscheinung verursachte in der Tat ein Lächeln. Er sah wirklich komisch aus in seinem langen schwarzen Rock, der ihm lose um den Leib hing, mit seinem ungeheuren grünen Schirm unter dem Arm und dem großen Hut in der mageren Hand. Aber wer dann in sein Gesicht schaute, dem vergingen solche Gedanken. Sein Blick machte einen tiefen Eindruck. Es war Kraft in diesen Augen, durch und durch zu schauen, nicht mit Verachtung, sondern mit einem Erbarmen, dem man sich nicht entziehen konnte, ja, das einen erröten machte über sich selbst und bereit, zu tun, was er sagte, als einer, der weit besser weiß, was gut ist für uns, als wir selbst.

Hebich also, denn er war es, trat ins Zimmer. Ich

stand auf, ihn zu grüßen, meine Zigarette aus dem Fenster werfend. Er machte mir eine tiefe Verbeugung, streckte in seiner freundlichen Art seine Hand aus und wünschte mir guten Tag. Wo aber war meine Einbildung, meine Erklärung, diesen Mann hinauszuwerfen? Ich weiß nicht wie noch wo! Ich fühlte mich wie ein Schuljunge vor dem Lehrer. Unbeholfen erwiderte ich seinen Gruß, ohne zu wissen, was nun zunächst zu tun sei.

Er aber war geradeso daheim, wie ich abwesend war. Höflich bewog er mich zum Sitzen und nahm Platz in einiger Entfernung.

Nach etlichen Augenblicken des Schweigens sagte er unvermittelt: „Nehmen Sie das Buch herunter!"

Ich ging durch das Zimmer und stand vor meinem Bücherbrett. Ich hatte nicht nötig zu fragen: was für ein Buch? Da waren Gedichte, ich wußte, es war keins davon; Wahrheit begehrte er, und mir kam der Gedanke, daß ich sie verachtet hätte für mich selbst. Da waren Reglementsbücher und Werke über Kriegstechnik, aber diese Bücher waren nicht für ihn; er hatte eine Botschaft des Friedens. Aber da in einer vergessenen Ecke war meine Bibel, ein Buch, das zur Ausrüstung jedes englischen Offiziers gehört (obwohl es auch die Bibliothek jedes Privaten zieren sollte). Doch hatte ich sie nie geöffnet. Jetzt versuchte es meine Hand.

Ich brachte sie mit mir zu meinem Sitz nahe dem Tisch und schaute fragend zu Hebich hinüber. Er machte eine bezeichnende Bewegung und fuhr dann feierlich fort: „Schlagen Sie das erste Kapitel des ersten Buches Mose auf und lesen Sie die ersten zwei Verse!"

Ich las laut: „Am Anfang schuf Gott Himmel und Erde. Und die Erde war wüst und leer, und es war finster auf der Tiefe; und der Geist Gottes schwebte auf dem Wasser."

„Das ist genug, schließen Sie das Buch! Lassen Sie uns beten!" Er kniete nieder und ich auch. Aber was er betete, weiß ich nicht. Etwas Fremdes, Neues war über mich gekommen. Ich konnte nicht zwei Gedanken zusammen denken. Ich wußte überhaupt nicht, was ich denken, sagen oder tun sollte. Die Fragen brachten mich außer Fassung: „Was muß ich tun? Was brauche ich? Zu wem soll ich gehen?"

Hebich stand auf, reichte mir ernst die Hand und ging, wie er gekommen war. Zur Tafel ins Kasino konnte ich an jenem Abend nicht gehen. Eine eigene Bangigkeit hatte mich ergriffen, obgleich ich nicht als Feigling bekannt war; zudem war es mir unmöglich, mit irgend jemand zusammen zu sein.

Am nächsten Tag lag ich wieder untätig da wie tags zuvor, nur war ein befremdliches Verwundern über mich selbst gekommen und eine Art Furcht vor dem, was kommen würde, und doch begehrte ich zu erfahren, wie die Sache enden würde. Kein Laut, keine Bewegung, nur der Punkah knarrte leise über mir.

Wieder wurde der Schritt gehört — dieselbe Weise wie gestern — draußen, hinein in den Hof, über den Hof, durch die Vorhalle, an der Tür, und — da war Hebich wieder!

Wieder stehe ich auf, um sein „Guten Tag" zu erwidern. Wieder bin ich unbeholfen und verwirrt. Wieder bewegt er mich zum Sitzen, und nach einem feierlichen Schweigen kommt wieder der Befehl: „Nehmen Sie das Buch herunter!"

Wieder der Gang zum Bücherbrett, der unfehlbare Griff nach der Bibel, und ich nehme meinen Platz ein.

„Schlagen Sie das erste Kapitel des ersten Buches Mose auf und lesen Sie die ersten zwei Verse!"

Ich las wieder laut: „Am Anfang schuf Gott Himmel und Erde. Und die Erde war wüst und leer, und es war finster auf der Tiefe; und der Geist Gottes schwebte auf dem Wasser!"

„Das ist genug, schließen Sie das Buch! Lassen Sie uns beten!"

Diesmal hörte ich auf sein Gebet. Was war das für ein Gebet! Ich hatte vorher nie anders als aus einem Buch beten gehört. Dies war, wie wenn ein Mann mit seinem Freund redet. Er sagte dem „lieben Vater" alles über mich. Er bat ihn, mich zur Selbsterkenntnis zu bringen, mich selbst zu verabscheuen und von mir selbst weg zu Christus zu fliehen.

Wieder verließ er mich, wie er tags zuvor getan hatte. Die Bibel lag offen auf dem Tisch. Ich konnte sie nicht schließen und konnte sie auch nicht fortlegen. Ich konnte nichts tun, als zu ihr zurückkehren und über ihr zu sitzen, einem Schulknaben gleich, der zu seiner Lektion zurückkehrt. Ich las die Verse wieder und wieder, bis sie mir im Innersten der Seele brannten.

Ich brauchte keinen Ausleger. Die Worte waren ihre eigene Erklärung. Sie meinten gerade mich. Ja, ich war gleich der Erde wüst und leer. Die Sünde war es, die mich so weit gebracht hatte, und die Finsternis der Gleichgültigkeit und des Unglaubens hielt mir meinen wirklichen Zustand verborgen und hatte mich unempfindlich gemacht.

„Und der Geist Gottes schwebte auf dem Wasser." War dieses fremden Mannes wunderbare Gewalt über mich, der mich durch sein Gebet in Verbindung mit dem lebendigen Gott brachte, gerade das Schweben des Geistes Gottes über mir? Wenn irgend jemand gedemütigt war, überzeugt von seiner Not als ein verlorener Mensch, dem jede Sünde in aller ihrer Sündhaftigkeit zur Wirklichkeit geworden ist — dann ist es mir so ergangen. Die Schuppen des Stolzes, der Vorurteile, der Weltlichkeit fielen mir von den Augen.

Wie ich die Zeit bis zum nächsten Tag zubrachte, weiß ich nicht. An die Hitze dachte ich nicht. Ein ganz neues Interesse war in mir erweckt worden. Es war das Drängen zu einem neuen Leben, die Stunde, die der Dämmerung vorausgeht. –

Der Schritt wurde draußen wieder gehört, dem Hof sich nähernd. Ich wartete mit unterdrückter Spannung. Meine Bibel war offen, ich saß bereit mit meinem Buch für den Lehrer. Wie voll war mein Herz! Ich stand auf und ergriff seine Hand: „Herr Hebich, was muß ich tun? Ich sehe alles!"

Er schaute mich an mit all dem Mitleid der geistlichen Liebe: „Mein Sohn" (wunderbar zog es mich zu seinem Herzen hin, wie es den verlorenen Sohn im Evangelium zum Vater drängte), „Gott sprach: Es werde Licht! Glaube an den Herrn Jesus Christus, und du wirst errettet werden!"

Er wies mich zum Kreuz auf Golgatha, wo Jesus mein Elend auf sich nahm und es zu seinem eigenen machte; dann zeigte er mir meinen auferstandenen Herrn auf dem Thron, der allein Gottes Gerechtigkeit mir geben konnte.

Wir knieten zusammen nieder, und an diesem Tag betete ich zum erstenmal frei aus dem Herzen ohne Buch und dankte dem Herrn für das ewige Leben durch den Glauben an Jesus Christus. –

So gewann Samuel Hebich diesen Mann für Jesus! Wohl nicht immer wird Gottes Wort so eigenartig und mit diesem Erfolg angewendet. Aber die Liebe, die dieser geweihte Jünger Jesu in seinem Herzen trug, machte ihn erfinderisch. Und dann kann man sich des starken Eindrucks nicht erwehren, daß bei diesem demütigen, gehorsamen Knecht Gottes *in besonderer Weise* die Leitung des Heiligen Geistes sich zeigte.

Die Zusammenkünfte, die er nach dem Abendgottesdienst in Kannanur veranstaltete, waren ganz besonders für ihn geeignet, den einzelnen ans Herz zu kommen. Die Eingeladenen tranken dann Tee in seiner Wohnung. Man konnte kommen und gehen, wie es einem jeden beliebte, Hebich lud in herzlicher

Weise alle ein: „Kommt nur, kommt alle! Ihr könnt alles, was ihr braucht, in meinem Laden bekommen, frei, umsonst, für nichts. Ich predige euch, gebe Tee und auch zuweilen Püffe — alles umsonst!"

In diesen einzigartigen „Nachversammlungen" wurde in der Regel die Abendpredigt noch einmal durchgenommen. Fragen wurden gestellt und beantwortet, und Hebich legte seinen Jüngern manche Frage zur Erwägung vor, Fragen, die sie aufweckten und dann ruhelose Nächte verursachten, bis die Betreffenden Frieden in Jesus gefunden hatten. Es war ein liebevoller Umgang mit allen, so frank und frei!

Diese Versammlungen machten einen besonders tiefen Eindruck auf einen jungen Offizier namens Gompertz, den man später Hebichs würdigen Sohn genannt hat. Wie er vorging, diesen feinen, edlen Jüngling für Christus zu gewinnen, mag in folgendem angedeutet werden:

Einmal fragte ihn der alte Seelenkundige freundlich, aber bestimmt: „William, bist du auch ein armer Sünder? Brauchst du auch Vergebungsgnade? Ich glaube, solch ein frommer, feiner Jüngling wie du kommt in den Himmel ohne einen Heiland! — Aber ob es wohl geht?" Er erhielt keine Antwort darauf. William lächelte nur und blieb beständig verschanzt in der Burg seines Schweigens. Allmählich wurde er aber mitteilsamer. Dann und wann stellte er eine Frage und machte auch wohl eine Bemerkung.

Bei einem dieser Teeabende wurde die Frage des Pferderennens aufgeworfen und erregte eine lebhafte Auseinandersetzung. Das Für und Wider dieses Sports erhitzte die Gemüter. Plötzlich sagte Hebich zu William, dem Schweiger: „Du bist auch beim Rennen gewesen? Das hätte ich von dir nicht erwartet. Aber du siehst, dein Herz ist genauso schlecht wie das des schlimmsten Offiziers. Du hast die scheußlichen Tiere auch in deinem Herzen. Du siehst nur diese Teufelsmenagerie nicht so, wie andere sie sehen. Das ist der einzige Unterschied zwischen dir und ihnen!“ William lächelte nur.

An einem solchen Teeabend sagte Hebich wieder einmal zu ihm: „Ich habe nach dir gesehen in der Kirche. Was sind das für Schrammen auf deiner Backe? Die bekommst du nicht im Dienst eurer Königin!“

Der junge Mann erwiderte errötend: „O das macht nichts, ich bin auf die Schnepfenjagd gegangen mit einem Freund und habe mir das mitgebracht!“

„Hattest du Erlaubnis dazu?“ — „Ich brauche doch keine Erlaubnis zum Schnepfenschießen!“

„So, so, so! Keine Erlaubnis! Seh einer diesen unabhängigen jungen Mann, er kann tun, was ihm gefällt, und braucht von niemand Erlaubnis! So, so, so!“

Das öffnete dem jungen Anfänger in Gottes Wegen die Augen; er merkte, was der Alte ihm damit sagen wollte. Er konnte den Nachdruck nicht vergessen, den Hebich auf das „so, so, so“ gelegt hatte, und erkannte zum erstenmal in seinem Leben, daß ein Streiter Christi einen Paß braucht von seinem Herrn für jedes Wort und jede Tat seines Lebens. William ging nach dieser Unterredung nie wieder zur Jagd. Aber er öffnete unter der liebevollen und weisen Behandlung Hebichs sein Herz dem Herrn Jesus immer mehr, bis der Herr den Thron seines Herzens ganz in Besitz genommen hatte. Er blieb bis zu seinem früh erfolgten Tod ein treuer, demütiger Jünger Jesu und dankbarer Verehrer Hebichs. —

Hebich wollte die Leute *ganz* haben und für *immer* haben, darum hatten seine Netze dichte Maschen. „Ich gebe euch um euer Disputieren und Beten nicht einen Heller“, sagte er, „wenn ihr nicht euer Leben ganz dem Herrn hingebt; der Herr Jesus will das *ganze Herz* haben, und nur die das ganze *Herz dem Herrn* geben, die haben das Geheimnis.“

Ich erinnere mich noch, erzählt Inspektor Rappard,

wie er um das Jahr 1860 in meinem elterlichen Haus während der Bibelstunde eine große Blumenvase nahm, die man nur mit beiden Händen fassen konnte, und diese einem Mädchen zu halten gab. Dann nahm er die große Bibel, aus der er soeben gelesen hatte, und befahl vor der ganzen Versammlung dem Mädchen, es sollte die Bibel nehmen. Nach einigen Augenblicken der Verlegenheit stellte das Kind die Blumenvase auf den Boden und ergriff die Bibel.

„Das ist recht", sagte Hebich, „allem absagen, was man hat, und Jesus und sein Wort annehmen, dann ist man gerettet für Zeit und Ewigkeit." –

Selbst durch rein Äußerliches suchte der originelle Evangelist Einfluß auf die Menschen zu gewinnen, um sie zu Jesus führen zu können. Wie sorgsam pflegte er seinen stattlichen langen Bart! Obgleich besonders die Engländer aus den Europäern mit glattem Gesicht unter den Einwohnern zu leben liebten und mehr als einmal ihn baten, seinen Bart herunterzunehmen, konnte er sich von diesem Schmuck edler Männlichkeit nicht trennen. Eine Dame schenkte ihm einst ein Rasiermesser – er nahm die Gabe dankbar an, aber der Bart wuchs fröhlich weiter. Einst hatte er scharf gegen die mit Putz überladenen Toiletten der Damen gepredigt, als am Schluß der Predigt eine Zuhörerin den Spieß umdrehte und den Prediger der Eitelkeit bezichtigte, indem sie auf seinen wohlgepflegten Bart anspielte. Hebich hörte seine Partnerin freundlich an, pflegte aber seinen Bart nach wie vor. Er hatte sich bei den Indern den Namen eines „Bartherrn" erworben und durfte tatsächlich etwas von seinem Einfluß auf das Volk seinem Bart zuschreiben. Freilich entging er nicht dem Schicksal, Nachäffer zu finden. Manche seiner begeisterten Anhänger glaubten „Hebiche" werden zu können, wenn sie nur einen langen Bart trügen und noch etliche hebichsche Absonderlichkeiten annähmen.

Wie es in seinem Gottesdienst aussah, erzählte er in folgendem: „Noch selten gelingt mir eine fließende Predigt unter ihnen; ich muß immer durch Fragen zu weiterem Verständnis helfen. Unser Kapellchen ist einfach und niedlich; zur Linken sitzen auf Matten die Weiblein mit ihren Kindern (die mitunter während des Gottesdienstes ihre jammernden Stimmlein hören lassen — mögen sie zum himmlischen Vater dringen!), zur Rechten die Männer auf Bänken, weiter hinten die Indobriten. Ich stehe vor dem mit weißem Tuch gedeckten Tisch gerade unter dem Känzelchen. Mir zur Rechten Aaron, der meine kanaresischen Worte in Tamil wiedergibt, zur Linken der Schulmeister, der mein Vorsänger und Lehrer ist. Die Kanzel besteige ich nur, wenn ich englisch predige."

Auf dem weißgedeckten Tisch lagen übrigens neben den Bibeln in Malajalam, Tamil und Englisch eine kleine Rute und ein längeres Rohr. Aber wozu diese Dinge in der Kirche? Nun, wenn die lieben Kinderlein während des Gebets (Hebich betete fast eine Stunde lang) oder in anderen Teilen des Gottesdienstes nicht mehr so ganz andächtig waren, dann stand er wohl von seinen Knien auf und schaffte durch einen richtig bemessenen Schlag Ordnung, um dann mit Beten oder Predigen fortzufahren. —

Es war wohl gelegentlich einer Reise in die Blauen Berge, als der bestaubte Wandersmann von dem Burschen eines Obersten von der Tür gewiesen wurde. Der Oberst wollte nichts mit ihm zu tun haben.

Hebich ging zu seinem Freund am gleichen Ort, gleichfalls einem Oberst, und bat diesen um seinen Jagdwagen. In Eile kleidete er sich um und machte sich dann im Gefährt seines Gastfreundes wieder auf den Weg zu dem Offizier, der sich kurz vorher geweigert hatte, ihn zu empfangen.

Als der Oberst seines Freundes Jagdwagen sah, glaubte er natürlich, sein Freund komme, ihn zu besuchen. Zu seinem Schrecken stand er aber einen Augenblick später dem Missionar Auge in Auge gegenüber. Als er nicht mehr ausweichen konnte, bat er ihn, ins Haus zu kommen. Kaum hatten sie Platz genommen, als Hebich seine Batterie auffuhr und sagte: „In der Tat, Herr Oberst, nun ich als ein reicher Mann zu Ihnen komme, empfangen Sie mich; komme ich aber als ein Armer, dann weisen Sie mich zurück. So wollen Sie natürlich auch den armen, verachteten Jesus nicht aufnehmen, sondern nur den reichen Jesus. Sie werden zur Hölle fahren mit Ihrem Hochmut! Nur die geistlich Armen werden Gott schauen. Kommen Sie, wir wollen beten, daß der Herr Jesus Ihnen vergibt."

Es wird berichtet, daß der Oberst sich beugte wegen seines Stolzes und ein demütiger Nachfolger des geringen Jesus wurde.

So ist dieser treue Knecht Gottes allen alles geworden, um auf alle Weise etliche zu retten.

Das Geheimnis seines Lebens

Das war das Geheimnis dieses gesegneten Lebens: Samuel Hebich war gepflanzt im Hause Gottes. Die tiefen Wurzeln seiner Kraft gingen unter der Schwelle der Zeitlichkeit fort und sogen aus Gott, dem Urborn alles Lebens, ihre Nahrung. Er war aus Gott geboren und lebte in Gott, darum grünte er auch immerwährend hier auf Erden in dem Vorhof Gottes. Er war gepflanzt an den Wassern ewigen Lebens, darum konnte er seine Zweige ausbreiten, daß allerlei Volk unter dem Himmel bei ihm seine Zuflucht fand, um in seinem Schatten von seinen Früchten zu essen, die in der Sonne der Gottesliebe süß und reif geworden waren.

Samuel Hebich hatte sich seinem Gott ganz hingegeben. Er hatte gleich von Anfang an reine Sache gemacht, der Welt sich ganz entschlagen, um einzig und allein seinem Gott und dem Evangelium zu leben.

„Meine Zeit ist ganz für das Werk des Herrn", sagte er einmal, „ich sehe niemand, besuche niemand, esse bei niemand, predige aber dreimal wöchentlich den Engländern, wo sie dann, so viele wollen, Gelegenheit haben, mich zu sehen und zu hören — dadurch gewinne ich Zeit, die ich so notwendig brauche."

Seine Mitarbeiter geben folgende Beschreibung seiner Tageseinteilung, der er an dem Hauptplatz seiner Wirksamkeit folgte:

„Mit dem Kanonenschuß um 5 Uhr morgens stand er auf und machte seinen Spaziergang, wobei er dann gern diesen oder jenen Offizier anredete oder sonst eine Bekanntschaft anknüpfte. Zurückgekehrt, besuchte er fast jeden Winkel seines engen Gehöftes und versicherte sich vom Stand der Dinge bei jung und alt. Dann trank er seinen Kaffee und setzte sich in die Veranda mit seiner englischen Bibel; wohl eine Stunde widmete er da dem Gebet und der Betrachtung des Wortes. Nun kamen entweder Katechisten oder Christen mit ihren Angelegenheiten, oder es waren Taufkandidaten zu unterrichten, oder er hatte Gottesdienst und Schulbesuch. Rief ihn eine Angelegenheit hinaus, so stand das Pferd bereit; für die heißesten Stunden auch ein Ochsenwagen nach dem Muster der Eingeborenen. Das einfache Mittagessen hatte keine feste Stunde; wenn er heimkam, aß er, was sein Peter ihm auftrug, legte sich einige Minuten hin und stand dann auf, frisch für irgendwelche neue Predigt. An den drei Abenden, da englischer Gottesdienst war, blieb ein oder der andere Offizier, der diesem beigewohnt hatte, bei ihm zum Tee, und dann schloß der Abend nach heiterem und ernstem Gespräch mit Gebet." —

Doch läßt sich denken, daß nicht ein Tag dem anderen glich. Aber was der Tag auch brachte, immer war er in Verbindung mit seinem Gott und deshalb auch immer frisch, um ein Segen sein zu können. Dabei war er unermüdlich tätig, nützte die Viertelstunden und ergriff jede Gelegenheit, sein Leben so reich wie möglich zu machen im Dienst Gottes.

Wir müssen, um diesen Mann und sein Wirken zu verstehen, von der Liebe reden, die er zu den Menschen hatte. Eine große, starke Liebe, die am Altar der Liebe Gottes auf Golgatha entzündet war.

Ja, wie lieb hatte er die Seelen, und welche Geduld übte er! Er war nie in Eile. Er wartete auf Gott und wartete auch auf Menschen. Er gab ihnen Zeit, sich zu besinnen; aber wenn er gewiß war, daß Gott ihm eine Seele gegeben hatte, dann ruhte er auch nicht, bis die Seele sich Gott übergeben hatte.

Eine liebe Dame erzählte öfters ihren Besuchern, wie Hebich einen Offizier in Coimbatore für den Herrn gewann. Dieser feine Herr glaubte sich sehr belästigt von des einfältigen Deutschen „neugieriger Aufdringlichkeit" und hatte seinen Dienern den strengen Befehl gegeben, den Alten nie ins Haus zu lassen. Eines Tages erspähte Hebich den Offizier, wie er in seinen Hof ging, und eilte ihm nach, um ihn abzufangen. Aber er kam zu spät; der Hausherr schlug ihm die Tür vor der Nase zu und verschloß sie. Aber das konnte den alten Gottesstreiter noch nicht wegtreiben. Er ging ums Haus herum nach hinten, aber auch dort waren die Türen verschlossen. Doch ist da nicht ein offenes Fenster. Er ging diesmal den nicht ganz gewöhnlichen Weg, kletterte durchs Fenster und stand bald vor dem Offizier mit einem Angesicht, das erbarmende Liebe widerspiegelte, und sagte zu ihm: „Mein Sohn, warum fliehst du vor deinem Vater? Ich liebe dich! Komm, laß mich mit dir beten!"

Die Sanftmut und Geduld dieses fremden Mannes

Gottes überwanden des Offiziers Herz. Er war bald in Tränen aufgelöst, bekannte seine Sünden und schrie zu Gott um Gnade. Hebichs beharrliche Liebe und große Geduld gewannen diesen Mann, der ein demütiger Nachfolger des Herrn wurde, für Christus. Und wer könnte sich einer solch glühenden Liebe zu Menschenseelen, wie sie dieser Menschenfischer hatte, auch auf die Dauer widersetzen? –

Wie lieb Hebich auch seine Mitarbeiter hatte, das zu zeigen gab es in den vielen Wechselfällen des Missionslebens hinlänglich Gelegenheit. Kehrte irgend in der Nähe eine besondere Not oder Trübsal ein, so war er auch auf dem Platz und tröstete, half und trug mit, bis der Sieg gewonnen war. In einer Zeit des Verzagens, da ein junger Streiter durch Mißmut fast gar aus dem Feld gejagt worden wäre, trat er herein mit den Worten: „Ihr seht ja gerade so aus, wie wenn der Herr Jesus wieder gestorben wäre. Aber er ist auferstanden, ich weiß es gewiß, hab's ja erst gestern verkündigen dürfen" (es war an einem Ostermontag) – und so ging's weiter mit einer Fröhlichkeit, die auch die Kühlsten anstecken mußte.

Namentlich fühlte, wer irgendwie gedemütigt war, ihm an, daß er sich gerade dann vor Vorwürfen oder Anspielungen auf vorausgegangene Warnungen ernstlich hütete, auch wenn sie noch so verdient gewesen wären. So wurde man seiner am frohesten in Augenblicken, wo sonst auch gute Freunde einen kleinen Anflug von Schadenfreude nicht ganz unterdrücken können, weil sich das Wort: „Hab ich dir's nicht vorausgesagt?" so passend anbringen läßt.

Inspektor Josenhans urteilte nach seiner Visitationsreise in Indien: „Hebichs Verhältnis zu seinen Gemeindegliedern ist lieblich; sie rühmen seine Liebe und seine Geduld, und es herrscht besonders in religiöser Hinsicht eine schöne Ordnung. Er predigt mit der ganzen Kraft seines Leibes, und mich wundert nur, wie er das aushält. Was die Herzen zu ihm hinzieht, ist doch wohl der Umstand, daß er beständig in der Anschauung des Leidens und Sterbens Jesu Christi lebt und so für den abscheulichsten Sünder Rat und Trost hat. Man lebt neu auf, wenn man ihn reden hört von der Barmherzigkeit seines Heilands. Auch wenn die Brüder zusammenkommen, redet er nichts Alltägliches, er beginnt und geht wieder mit dem Bibelwort im Mund."

Einmal schickten ihm die älteren Christen eines Distrikts ein Schreiben, das ihn zur Untersuchung schwerster Klagen gegen einen hochgeachteten Mitarbeiter herbeirief. Wie vom Blitz getroffen unterbrach er die Predigt auf den Gassen von Kannanur, die er eben fröhlich betrieben hatte, und eilte hinauf nach Mangalur, Mulki, Udipi, ringend nach Luft und Lebenslicht. „Da hatten wir mehr als Arbeit; unsere Herzen wollten uns brechen." Nie trat Hebichs tiefe Sündenerkenntnis heller ans Licht als bei solchen Veranlassungen. Er versetzte sich so ganz in die Lage des unglücklichen Gefallenen, daß er in ihm nur sich selbst sah und immer wieder sagte: „So stände es mit mir, wenn die Gnade mich nicht hielte!" Alles Richten und Strafen hätte er am liebsten unterlassen; Retten und Aufrichten war's, woran ihm alles lag.

Aber daß das nicht möglich sei ohne wahrhaftige Buße und rückhaltloses Bekenntnis der Sünde, stand ihm so fest, daß er dadurch vor übermäßiger Milde in Behandlung von Sündenfällen bewahrt wurde.

Missionar Diez erzählte in späteren Jahren noch öfters davon, wie der alte Senior seine Rekruten drillte:

Wenn immer Bruder Hebich in mir einen Geist des Unglaubens oder der Einbildung entdeckte, griff er mich mit Gottes Wort an. Dann konnte er voll heiligen Zorns und doch so freundlich sagen: „Du Schlingel, paß auf, ich töte dich!" Dann lief er, holte seine englische Bibel und führte eine Stelle nach der anderen an, während er sagte: „Da siehst du wieder einmal den Schelm in dir. Du bist ein Schlingel! Lies dies, lies das! O du bist ein Hottentotte, ein ganz gewöhnlicher Ungläubiger! — Das ist alles Unsinn, siehst du's nicht! Du bist ein Schlingel!"

Ein andermal fragte er mich: „Mein Büble, führst du auch ein Gebetsleben? Liesest du auch Gottes heiliges Wort?"

Dann kam er wieder wie ein liebender Vater und forschte: „Hast du nicht irgend etwas zu fragen? Lastet etwas auf deinem Herzen?"

Solch väterliche liebevolle Sorge um das Wohl meines Leibes und meiner Seele band mich fester und fester an ihn und machte das Leben an seiner Seite licht und leicht. Außerdem veranlaßte er immer wieder die Gemeinde, für mich zu beten, wie sie es schon getan hatte, ehe ich nach Indien gekommen war.

Zuweilen, wenn ich vergaß zu wachen und zu beten und die Christen und ihr Werk abfällig kritisierte, flogen auch einmal die Funken! Wenn ich ihm widerstand, hielt er an sich; doch hernach, wenn wir zusammen ausgingen, machte ich dann ein brühheißes Bekenntnis meiner Sünden, worauf er mich stets mit Freundlichkeit vollends überwand, indem er gütig sagte, nachdem alles in Ordnung gebracht war: „Tue es nicht wieder! Sei jetzt ein gutes Büble. Trage mit mir, mein Büble!" —

So lebten diese beiden zusammen in einem brüderlichen Geist, und der Rekrut lernte manche wertvolle Lektion von dem alten, bewährten Krieger. Und es war etwas zu lernen von diesem Mann, der *des* Geistes voll war, der in alle Wahrheit leitet.

Von einem Besuch in Mangalur berichtet Hebich selbst: „Freund Anderson führte mich expreß in die englische Schule, wo ich eine Ansprache von zwei Stunden an die heidnischen Schüler hielt und ihnen aus der Schrift zu beweisen suchte, daß der Herr Jesus Gottes Sohn ist, zu meiner eigenen freudigen Zufriedenheit und mit der Bitte, daß der Vater seinen lieben Sohn in den Herzen dieser lieben Jünglinge aus Gnaden zu seinem Preis offenbaren möge."

„Merkwürdig genug", fügt sein Mitarbeiter hinzu, „diese jungen Brahmanen, sehr fein gebildete, ernstlich angeregte, nur kreuzscheue Seelen, kamen nachher zu ihrem Lehrer Hoch und bezeugten aus tiefem Herzen: so klar wie durch Hebichs Beweise sei ihnen das Geheimnis der Dreieinigkeit noch nie gesagt worden." Im logischen Demonstrieren lag sicherlich Hebichs Stärke nicht, aber sein kräftiges, durch Liebe und Gebet geheiligtes Zeugnis wog einen Haufen feingesponnener Argumente auf. Es war fast unmöglich, sich dem Einfluß dieser geheiligten Persönlichkeit zu entziehen.

Dann war Hebich ein Beter. Er fühlte gleich Luther, mit dem dieser große Menschenfischer manches gemein hatte, die Notwendigkeit des Gebets. Er verließ nie sein Haus, etwas zu unternehmen, ehe er nicht Gott gebeten hatte, ihn zu leiten und ihn zu segnen in allem, was er zu tun habe. Er fürchtete sich, etwas in eigener Kraft zu tun. Er pflegte zu sagen: „Immer, wenn ich etwas in meiner eigenen Klugheit tue, zeigen sich gewiß die langen Eselsohren des alten Adam."

Dieser gesegnete Zeuge Christi konnte sich nur bewegen und wirken und sein Wesen haben in der Atmosphäre des Gebets. Bis er nicht das Zeugnis des Heiligen Geistes in seiner Seele hatte, Gott würde ihm Sieg geben, ging er nie aus zu predigen.

Eines Tages, erzählt ein Mitarbeiter, war der Ochsenwagen bereit, den Missionar nach Kannanur zu bringen, wo er den Moplahs predigen wollte. Er stürmte aus dem Haus heraus, als ob er in größter Eile wäre, stieg aber nicht auf den Wagen. Er stand da, als ob er etwas vergessen habe. Plötzlich drehte er sich auf den Absätzen herum und ging wieder ins Haus.

Er blieb eine Zeitlang fort, kam wieder heraus, ohne aber den Wagen zu besteigen. Er ging wieder zurück in sein Zimmer, blieb dort aber eine Weile, kam dann wieder heraus, stieg in den Wagen und wies den Führer an, zuzufahren. Als sie zum Tor kamen, rief er plötzlich: „Halt!" Der Treiber hielt den Wagen an, und zum drittenmal eilte Hebich ins Haus und blieb dort eine Zeitlang.

Als er das drittemal aus seinem Zimmer kam, fragte ich ihn: „Was ist's, Bruder Hebich? Dreimal nimmst du einen Anlauf zu reisen, und immer wieder gehst du auf dein Zimmer zurück. Wo fehlt's?"

Mit einem frohen, lächelnden Angesicht erwiderte der Alte: „Nun, Bruder Diez, du siehst, ich bin dabei, nach dem alten Kannanur zu gehen und dort den Moplahs zu predigen. Aber wie kann ich gehen, ehe ich des Sieges gewiß bin? Ich dachte, Gott hätte mein Gebet erhört, als ich das erstemal mich zu gehen anschickte, aber ich war nicht gewiß, darum ging ich immer wieder zurück. In meiner Ungeduld nahm ich mir nicht Zeit, vor dem Herrn zu warten, und so hatte ich dreimal zu gehen. Jetzt bin ich des Sieges gewiß, denn ich habe nun das Zeugnis des Heiligen Geistes!"

So ging er fröhlich, den Feinden Christi als Sieger im Streit zu begegnen. –

Dies Vorkommnis zeigt eine von Hebichs hervorragenden Charaktereigenschaften. Jede Seele, die er für Jesus gewann, hat er gleich dem Apostel Paulus geboren durch das Evangelium, mit Ängsten geboren, bis Christus gestaltet war in ihr. Er betete für die einzelnen in großer Not seines priesterlichen Herzens, bis er die Gewißheit bekam, daß Gott sie ihm gegeben hatte; dann griff er aber, einem siegesgewissen General gleich, die Festung der Seele in oft ungestümer Weise an.

Freilich hatte der weise Seelengewinner auch wertvolle Truppen hinter sich, die für ihn beteten, wenn er in den heiligen Krieg zog. Er hatte seine Leute daheim unterrichtet und auch begeistert, in brünstiger Fürbitte für die Arbeiter im Reich Gottes an der Seelenrettung mitzuarbeiten. Er glaubte an die Wirksamkeit des ernsten Gebets, darum machte er es jedem Bekehrten zur heiligen Pflicht, es auch besonders zu üben, um ihm die Arme zu stützen. Darum hatte er auch Erfolge. –

Ein alter Katechist erzählt aus seinen Erfahrungen mit dem allezeit treuen Seelengewinner:

Eines Tages wanderte er zum Haus eines Hauptmanns. Aber der Offizier gewährte ihm keinen Einlaß, sondern sagte: „Gehen Sie, ich habe nichts mit Ihnen zu tun!"

„Aber ich habe etwas mit Ihnen zu tun, Herr Hauptmann", erwiderte er, mit dem Finger auf ihn deutend. „Ich bin gekommen, mit Ihnen zu beten; wenn Sie mich nicht einlassen wollen, bete ich hier für Sie!" Als der Hauptmann ging und Hebich stehenließ, kniete dieser draußen im Sand in der Sonne nieder und betete ernstlich um des Hauptmanns Errettung. Dann ging er.

Am nächsten Tag kam er wieder. Er wurde nicht empfangen, darum kniete er wieder nieder vor dem Haus und betete. Diesmal rief der Hauptmann seinen Burschen und sagte ihm: „Halte doch diesen Schirm über des Missionars Haupt, während er betet."

Als Hebich dann das drittemal bei ihm vorsprach, hatten seine Gebete den Hauptmann besiegt; er bat ihn, ins Haus zu kommen, wo der alte Bote Gottes ihm von Jesus und dem Kreuz sagte. Bald betete der Hauptmann auch und gab dem Herrn Jesus sein Herz.

Dr. Gundert schreibt von ihm in der Erweckungszeit 1847: „Bruder Hebich ist immer sehr gesegnet in seinem verborgenen Umgang mit dem Herrn. Ach, ich muß mich vor mir selbst schämen, wenn ich seinen priesterlichen Gebeten lausche. Er bringt alle, die auf seinem Herzen liegen, persönlich dem Herrn mit Namen. O daß wir alle imstande wären, so zu beten, oder wenigstens willig dazu! O wie leicht ist es, wenn man will, weil man dann nicht muß! Gott gebe, daß auch in unserem Kreis der Geist des Gebets, wie er in den alten Heiligen war, einkehre! Wegen meines Mangels an Gebet bin ich so oft untreu. Ach, viele Kinder Gottes sind bis an die Geburt gekommen, aber es fehlte die Kraft des Gebets, sie ganz in das neue Leben zu bringen!"

Inspektor Josenhans berichtet über das öffentliche Beten Hebichs in einem Gottesdienst, dem er beiwohnte:

„Nun kniet der Alte nieder und betet, fast eine Stunde lang, in kindlichster Weise; wohl fünfzig Namen mit Orten und Personen erwähnt er im Gebet, mit besonderem Nachdruck bringt er die Nöte und die Erlösung der Andscharikandigemeinde vor Gott, natürlich aber auch den Inspektor, seine Frau und Kinder, die Freunde in der Heimat; dann einzelne Gemeindeglieder, auch den eben gegenwärtigen Oberst und seine Frau, daß der Herr ihnen die Augen öffnen und sie bekehren wolle usw. Was er englisch sagt, verdolmetscht der neben ihm kniende Jakob."

Und Samuel Hebich war ein Mann des Glaubens. So gut der Teufel, gegen den er kämpfte, ihm etwas sehr Reales war, so gut war ihm auch der Vater im Himmel wirklich. Er glaubte! Ihm war nicht Sehen Glauben, sondern Glauben Sehen, wie sich ein Biograph ausdrückt. „Die Hauptsache ist: Seele, hast du Glauben? Liebe Seelen, bewahret doch den Glauben!" Er hatte Herz und Haupt beständig im Himmel, darum war er auch dann getrost, wenn sein Fuß in Ungewittern ging.

Bei einer Bootsfahrt, wird erzählt, überfiel ihn ein solcher Sturm, daß die Bootsleute in ihn drangen, ihnen Erlaubnis zum Überbordwerfen der Reisballen zu geben. Aber er erklärte ihnen, sein Gott, den er beständig anrufe, werde ihnen durchhelfen. Mit Mühe erreichten sie ein Vorgebirge Eli, wo sie durchaus nach altem Brauch Kokosnüsse opfern wollten. Er verbot es. Sie heulten und jammerten, fragten auch zuletzt, ob sein Gott allein da wäre. Kaum hatte er geantwortet: „Ja freilich, nur er ist da; eure sämtlichen Götter sind Lüge!" als ein gewaltiger Blitz mit Donnerschlag alle betroffen machte. Die ganze Nacht hindurch schöpften sie nun das Wasser aus, und als er ihnen am Morgen das Evangelium verkündigte, hörten sie ihm mit aller Achtung zu.

Ja, Samuel Hebich lebte in Gott und wandelte in Gott, das war das Geheimnis seines gesegneten Lebens. Sein ganzes Wesen atmete Glauben, Liebe und Freude. Er war nicht ohne Fehler, aber er hatte den Mut der Demut und beugte sich, wo er irgendwie sich vergangen hatte. Wir können von ihm lernen, daß es nicht unmöglich ist, gleich ihm eine leuchtende Spur zu hinterlassen. Laßt uns an Gott hingegebene Leute sein, deren Speise es ist, den Willen Gottes zu tun und Christus zu verherrlichen. Dann wird auch jene alles andere verzehrende Leidenschaft für Seelen uns beherrschen, die wir bei dem Gottesmann Hebich finden.

Willig, darzulegen und dargelegt zu werden

Samuel Hebich hat seinen reichlichen Anteil gehabt an den Leiden, die in Christus sind. Er war ein Heerführer in der heiligen Schar der Streiter des Herrn, darum umschwirrten ihn auch die Pfeile des Fürsten der Finsternis vor anderen. Er lag nicht nur in der Verteidigung, um das Heil zu bewahren, das ihm geschenkt war, sondern ließ sich's angelegen sein, als Mehrer des Reiches Gottes in die Reihen der Feinde zu brechen, um Beute für seinen Immanuel zu machen; darum haßte ihn der Feind Gottes und der Menschen und ließ seinen Grimm an dem treuen Knecht Gottes aus. Als er kein Neuling mehr war, schrieb er aus Indien: „Der Teufel hat mich diese sechs Jahre noch keinen Schritt unbestritten tun lassen; so bin ich auch hier wiederum in einen Kampf geraten. Doch darf ich, wenngleich noch etwas schüchtern, mein Haupt erheben!"

Selbst seine Brüder haben nicht immer nur ermutigend an seiner Seite gestanden. Er schreibt: „Je älter ich werde, desto mehr scheine ich mir ein besonders privilegierter Mann. Das verehrte Komitee gibt mir's zur Rechten und zur Linken, und meine Brüder haben doch auch eine besondere Freude daran, wenn sie mir eins auswischen können; allein beides ist wohl besser als Lob."

Daß es die Namenchristen in erster Linie waren, die sich ihm widersetzten, ist bei einem Mann wie Samuel Hebich gar nicht zu verwundern. Er stach die Leute zu sehr mit der Wahrheit, als daß sie hätten stillbleiben können. Sein Mitarbeiter schreibt: „Sprachen die jüngeren Offiziere bei einem Glas Grog von ihm, so gingen die Ansichten weit auseinander. Den einen schien er ein gefährlicher Enthusiast, anderen ein harmloser, heiterer Mann mit einer fixen Idee, wieder anderen ein pfiffiger Jude. Eines Tages hieß es: Wir werden noch sehen, wie er mit einer schweren Geldkiste sich einschifft und aus dem Staub macht. Ich kann's beschwören, daß er im letzten Monat 600 Pfund (12 000 Mark) eingestrichen hat; das geht nicht mit rechten Dingen zu." Doch fehlte es nicht an Leuten, die ihn um seiner regen Tätigkeit willen für einen außerordentlichen Mann hielten, dem sie aber scheu aus dem Weg gingen.

Es ist vorgekommen, daß ein junger Offizier nach seiner Bekehrung im früher geführten Tagebuch nachlas, welch ein Schwarm von Ladengeschwätzen, Soldatenwitzen und Anekdoten, aufgetischt auf den Offizierstafeln, sich Tag für Tag an den Namen des Bartmannes gehängt hatte, und lachen mußte, wenn er sein jetziges Wissen von „Hebick" (wie die Engländer seinen Namen aussprechen) mit den früheren Eindrücken verglich. Geradesowenig Wert haben oft die Urteile von Reisenden, die in Indien, Afrika usw. gewesen sind und über die dortigen Missionen urteilen, als hätten sie alles mit eigenen Augen gesehen. Fragt man aber nach, so findet sich, daß sie weder eine Missionsschule besucht noch ins Missionshaus auch nur einmal hineingeschaut haben, weil die ganze Sache ihnen widerlich war. Um so leichter fällt es ihnen, über alles zu sprechen. Und weil das Reich Gottes immer noch in Kreuzgestalt unter den Menschen einhergeht, ist es auch heute noch so: „Der Jünger ist nicht über seinen Meister." Wer in den Reihen der Palmenträger stehen will, muß auch bereit sein, den Kelch des Leidens für die Brüder zu nehmen.

Hebich schreibt von der ersten Periode seines Wirkens in Indien:

„Dies waren gewaltige Jahre für uns. Wie ganz anders sind doch die Kämpfe, als man sich diese in der Heimat vormalt! Ich dachte, daß, wenn man sie im voraus kennte, wenigstens wie sie auf mich kamen, und mit Fleisch und Blut in Beratung träte, so leicht niemand den Beruf auf sich nehmen würde. Ich schaudere, wenn ich die Gefahren überdenke, in die der alte böse Feind auf tausenderlei Weise die Knechte des Herrn unablässig zu verführen und an Leib und Seele zu verderben sucht. Gewiß, ich schäme mich, daß es noch nicht gar aus ist mit mir. Aber, o ein treuer Gott ist unser Herr, und sein Wort: Siehe, ich bin bei euch alle Tage bis an der Welt Ende, ist Ja und Amen in ihm. Halleluja!"

Von seiner Predigt in den belebten Geschäftsstraßen Mangalurs berichtet Hebich: „Ich tue das oft freudig, oft auch sehr niedergebeugt. Mein Satz ist aber der: je mehr die Leute toben, desto mehr muß ihnen gepredigt werden in der Kraft des Herrn. Der Anfang ist immer das schwerste; da geht es uns wie Soldaten, die in eine Schlacht ziehen sollen, die alte Natur krümmt sich wie ein Wurm; wenn's aber erst wieder angefangen ist, dann geht's leichter. War ich schon genötigt, allein aufzutreten, weil Maleachi (der Gehilfe) ausgegangen war, so hieß es oft in meinem Innern: ‚Oh, du kannst ja ein andermal gehen!'

Endlich machte ich mich auf im Namen des Herrn in meiner großen Schwachheit mit Furcht und Zittern, ging auf den Hauptplatz des Basars, stellte mich auf den Ort, nahm meinen Strohhut ab und bedeckte mein Angesicht, um im stillen noch ein paar Seufzer zu meinem gekreuzigten Heiland hinaufzuschicken, legte dann meinen langen Bambusstock, der immer mit mir wandert, nebst meinem Hut auf die Seite, schlug mein kanaresisches Testament auf und las Hebräer 9: ‚Den Menschen ist gesetzt, einmal zu sterben, danach aber das Gericht', und verkündigte nun davon ausgehend den Ernst Gottes und sein heiliges Evangelium. Der Umstand, daß am nächsten Tag das Fest der Ganapati war, setzte ungewöhnlich viel Leute in Bewegung, und es sammelte sich eine große Schar um mich her, wie ich noch nie gehabt habe. Der Herr war auch in meiner Schwachheit meine Kraft. Als ich wegging, ließ sich eine Stimme hören: ‚Hoho!' aber von anderen wurde sogleich ein kräftiges ‚Hst!' gegeben, und so entließ man mich mit Ehren.

Anderen Tages aber setzten sie ihr ‚Hoho!' durch und begleiteten mich unter gellenden Schreien, Sand- und Steinwürfen eine gute Strecke weit."

Bei einer anderen Gelegenheit ging es nicht so gut ab. Da flogen die Steine, Sand und Kuhdreck dichter, und es wurde besser gezielt. Freilich erreichten die Verfolger auch hier nur das Gegenteil ihrer Absichten. Hebich schreibt: „Wir kriegten alle unser Teil; doch Joseph trug das schönste Zeichen davon, die Augenbraue wurde ihm von einem Stein durchschnitten. Darauf predigte ich wie ein ganz neuer Mensch an einem fernen Platz; es war für uns ein Tag des Lobens und Betens. Noch nie habe ich meine Büble fröhlicher gesehen. Sie sangen das Lob Gottes und beteten den ganzen Tag."

Im Jahr 1851 beschreibt er, wie es ihm am 15. März, dem Datum der „üblichen Steinwürfe", zumute war. Der Teufel wollte mich diesmal sehr weise machen. Er sagte: Du hast doch schon viel gepredigt; nur diesen Morgen bleib ordentlich zu Hause mit deinen Leuten, dann kannst du ja immer wieder gehen. Ich hätte schrecklich gern ja dazu gesagt und betete, daß mir der Herr Gewißheit darüber geben möchte. „Was bedarf es? Du mußt gehen!" lautete die Antwort; aber es ging eben in den Tod, und das mochte ich nicht. Nach ruhigem Schlaf stand ich um 4 Uhr auf: inwendig alles finster, meine Leute voll Furcht. Doch machten wir uns fertig, gingen hinaus, predigten am Bergabhang, und siehe da, alles blieb ruhig. Aber was jetzt, soll ich auch hinunter? Es ging hinunter, festen Schrittes, und doch zitterte das Herz. Schreckliches Jauchzen empfing uns. „Sagte ich's nicht, du solltest nicht hinuntergehen?" flüsterte der Feind. Ich gehe auf die Erdmauer. Da will ein starker Mann, der Schwager des Radschas, losbrechen und ruft: „Laßt uns den Padre vertreiben!" Der Amtsdiener hört's und versetzt ihm eins. Der Nayer schlägt wieder; sie packen sich an Zopf und Kragen, sie ringen, Nayer helfen jenem, andere Piums (Amtsdiener) diesem. Alles Volk wandte sich dem Kampf zu. Ich ließ dem Pium, der den Kopf verloren hatte, sagen: Ziehe den Mann in den nahen Tempel hinein, wo die Amtsleute sind. Es geschah: wie ein Käfer, von Ameisen geschleppt, langte endlich der Edelmann im Tempel an und wurde auf etliche Tage eingesperrt. Ich aber predigte nun in voller Ruhe weiter nach Herzenslust. Zurückgekehrt, wurde ich so erfüllt von der Herrlichkeit des Herrn, daß ich an mich halten mußte, um nicht auszurufen: O welche Liebe! welche Schande für mich, mich zu fürchten! An einem anderen Tag kam dann doch der Steinregen noch nach. –

Ein andermal versuchte man's mit Elefanten, den Prediger zu verscheuchen. „Erst steuerte der Führer mit einem kleinen Tier auf uns los, als wir gerade auf einer Erdmauer standen und predigten. Das Tier weigerte sich majestätisch, dann trieb er's mit Gewalt näher. Ich donnerte aber auf ihn ein, und der Elefant erschrak, rannte gegen die Mauer und bewegte sich dann langsam an mir vorbei. Am nächsten Tag erschienen vier außergewöhnlich große Elefanten, wovon einer ohne Reiter wild unter die anderen stürzte, daß alles davonlief. Jetzt bewegten sich die Tiere auf uns zu, zwei wurden noch abgelenkt, die beiden anderen streiften uns fast; doch gab der Herr uns Gnade, wenn auch zitternd, fest auf unserem Posten zu stehen, was Eindruck aufs Volk machte."

Eine Hinduschwester erzählt: Zu einem Götzenfest waren viele Menschen versammelt. Der Hauptpriester führte einen weißen Elefanten herbei, den die Hindus für ein heiliges Tier halten und ihm ihre Opfer bringen. Mitten unter großem Lärmen gewahrt man, wie auf einmal die Leute nach einer anderen Seite hin sehen, und hört auch eine laute Stimme. Es ist der liebe Missionar Hebich, der mit seinen Gehilfen dort steht und die armen Heiden lockt und bittet, doch zu dem lieben Herrn Jesus zu kommen, der die Sünder selig machen will. Als ihn aber der Götzendiener hört und merkt, daß die Leute von ihm weg dorthin sehen, wird er sehr böse, denn er hatte gehofft, heute recht viele Gaben für den Elefanten und somit für sich zu bekommen, und hetzt den Elefanten auf den Missionar los. Dieser trabte wirklich jener Richtung zu, brach in seinem Lauf noch einen starken Ast von einem Baum, wie wenn er einer Waffe bedürfte, und eilte auf den Missionar zu. Als das der Katechist sah, wollte er davoneilen; der Missionar aber hielt ihn zurück und sagte: „Denke an Daniel im Löwengraben und fürchte dich nicht!" — und predigte ruhig weiter, denn er wußte, daß ihm der Herr zur Seite stand. Die Heiden aber, die um ihn her standen, glaubten schon, sein Gott könnte ihm jetzt nicht mehr helfen, und warteten darauf, daß der Elefant seinen Ast auf den Missionar losschleudern würde. Wie sehr erstaunten sie aber, als dieser seinen dicken Ast zu dem Missionar hintrug, ihn dicht vor seine Füße legte und wieder umkehrte, ohne ihm im geringsten etwas zu tun. Was sollte nun aber der Ast hier? Missionar Hebich erkannte hierin sogleich den Finger des Herrn; er stellte sich darauf und war nun um so größer, so daß er über alle Anwesenden emporragte und seine Predigt nur noch weiter hinschallte. Wütend darüber hetzte der Priester nun abermals das Tier auf ihn los; es wollte aber durchaus nicht folgen. Da erhob der Missionar warnend seinen Finger und rief dem Priester zu: „Weil du mich durchaus verderben willst, so hüte dich nur, daß der gerechte Gott nicht die Wut des Tieres auf dich lenkt." Jetzt kannte der Zorn des Priesters keine Grenzen mehr. Sollte er so ohnmächtig vor seinen Landsleuten dastehen? Nein, er mußte die Oberhand gewinnen, und deshalb schrie er das Tier noch mehr an und schlug es sogar. Dies war nun aber der Elefant nicht gewohnt, und anstatt gegen den Missionar zu laufen, wandte er sich schnell um, warf den Priester auf den Boden und trat mit seinen breiten, schweren Füßen so lange auf ihm herum, bis er tot war. – So bekannte sich der Herr zu seinem Knecht und verherrlichte seinen Namen mitten unter seinen Feinden.

Weiter berichtet Hebich: Einmal kam ein kleiner Elefant gegen uns, der aber wenig Schrecken verursachen konnte. Sein Treiber besuchte mich danach und sagte, wie es ihm nur durch Zauberei möglich werde, mit diesen Tieren siegreich umzugehen. Am nächsten Morgen fand er seinen Elefanten tot, und im Volk hieß es: „Wenn der Gott seinen Elefanten nicht an seinem eigenen Fest erhalten kann, so muß er ein Steingott sein, wie der Padre behauptet!" –

Folgender Bericht zeigt den tapferen Streiter im hellsten Licht: „Da allerhand Übelstände ans Tageslicht kamen und sogar kein Arbeiter für die Gemeinde da war, wollte mich die Generalkonferenz zwei Monate in Mangalur haben; allein darauf konnte ich unmöglich eingehen, indem ich meine Heidenfeste diesmal notwendig besuchen mußte, besonders da die Feinde das Gerücht ausgesprengt hatten: weil ich letztes Jahr Schläge gekriegt, fürchte ich mich jetzt und werde nicht mehr kommen, wie mir's die Obrigkeit verboten habe. Daher mußte ich diesmal auf die Feste, und hätte es mein Leben gekostet."

So ist's dem teuren Friedensboten in Indien ergangen. Aber nicht nur dort hat er die Schmach Christi getragen und sich als echter Ritter des Kreuzes gezeigt, auch nachdem er nach Europa zurückgekehrt war, hatte er teil am Leiden, weil er sein Teil am Reich nicht verlieren wollte.

Er schämte sich nicht, allezeit und allerorten mündlich und durch Briefe bei vielen Wohlgesinnten um Beiträge für die Mission anzuklopfen, und da verstand es sich von selbst, daß ihm auch mancherlei Vorwürfe gemacht wurden. „Das Werk Gottes muß immer durch die Hechel gehen; wer es nur von ferne ansieht, kann leicht auf die Meinung kommen, er könnte es besser machen; er greife es einmal selbst an, so wird's ihm Ach und Weh", läßt er sich vernehmen.

Nach Europa zurückgekehrt, fiel es ihm schwer, sich nach 25jähriger Abwesenheit in den heimatlichen Verhältnissen zurechtzufinden. Er stieß bei seinen Predigten auf harte Orte und hatte viel zu leiden.

Als er am 24. Januar 1860 in der Leonhardskirche in Basel die Bußpredigt des Täufers behandelte, entstand ein dumpfes Gebrüll, aus dem man die Worte verstehen konnte: „Abe mit em! Use mit em!" Hebich ließ singen und fuhr fort: „Es ist schon die Axt den Bäumen an die Wurzel gelegt", worauf wieder eine wilde Stimme ertönte und die zunehmende Unruhe ihn veranlaßte, die Bibel zu schließen und kurz zu beten. Es wurde dann viel verhandelt, die Kirche jedoch dem unerschrockenen Zeugen wieder geöffnet, was endlich zu einem Antrag beim Großen Rat führte, die Regierung möge sorgen, daß die Kanzel ferner nicht mißbraucht werde, wie es in den jüngsten Tagen geschehen sei. In der Debatte wurde geklagt, der Anstand sei verletzt, gar mancher schwer geärgert worden; auch sei die Exegese nicht in der Ordnung. „Hebich hat auch Indisch lernen müssen, ehe er den Indern predigte; so lerne er jetzt Deutsch und denke sich in unsere Sitte hinein, ehe er auftritt." Dagegen fielen starke Zeugnisse für den Segen, den die ungewohnte Predigt wirke, wenn man auch einige äußerliche Eigenheiten und ungeschickte Ausdrücke wegwünschen möchte. Der Bürgermeister hielt es für kein Unglück, wenn einmal jemand heraustrete aus der hergebrachten Predigtweise; wen die alten Sprachformen kalt lassen, der könne von neuem getroffen werden. Mit 44 Stimmen gegen 42 wurde der Antrag,

Hebich die Kirche zu verweigern, abgewiesen. So brachte denn Hebich seine Vorträge dort ungestört zum Schluß.

Als er an einem anderen Ort Vorträge hielt, schmähte ein Blatt ihn und seine Zuhörer auf rohe und bissige Weise. Am Aschermittwoch wurde ein Aufzug von Vermummten vorgestellt, in dem Hebich täuschend ähnlich voranschritt. Der Mann, der Hebich markierte, trug eine große Tafel auf dem Rücken, auf der man konjugieren konnte: Heb-ich? – Hebst du? – Hebt er?

Doch was verschlug's dem lieben Alten? Er war trotz allem glücklich, ihrer viele durch sein treues Zeugnis „gehoben" zu haben, heraus aus Sünde und Weltseligkeit hinein in Gottes beseligende Gemeinschaft!

In Schaffhausen brachte ihn ein Auflauf des Pöbels in Gefahr und erinnerte ihn lebhaft an die Kampfestage indischer Götzenfeste. Seine unbestechliche Wahrhaftigkeit rüttelte eben die Gemüter auf, und dann suchte er seine Zuhörer nicht etwa bald zu beschwichtigen, sondern fuhr gerade durch, um immer eine Entscheidung für Jesus herbeizuführen. Und das störte sowohl die behäbigen Kirchenleute als auch die Leute der Gasse. Und da er nicht verstand, Konzessionen zu machen, teilte er das Geschick seines Herrn, der den Dornenkranz tragen mußte.

Aber gerade darum hat sein Leben auch den köstlichen Duft der Salbe aus Gilead. Nur zerriebene Kräuter duften wohl, und dieser treue Jünger Jesu ließ sich zerstoßen, um ein Segen zu sein. Was tausend gelehrte Predigten nicht vermögen: ein leidenswilliges Herz überwindet den widerspenstigen Sünder. Samuel Hebich war willig, sein Leben hinzugeben und es dem Herrn zum Trankopfer zu gießen, darum konnte er dürren Menschenherzen Fruchtbarkeit und Leben bringen.

Nicht vergeblich!

Diese Überschrift paßt für Samuel Hebichs Leben. Obgleich er, wie jeder echte Arbeiter im Reich Gottes, nicht um des Erfolges willen arbeitete, sondern im Drang der Liebe Christi sein Leben verzehrte im Dienst Gottes und der Menschen, durfte er doch schon hier auf Erden köstliche Früchte seiner Arbeit genießen. Gott löst seine Verheißung immer noch ein: „Wer mich ehrt, den will ich auch ehren" (1. Sam. 2, 30). Und seinen Gott zu ehren, war dieses treuen Arbeiters eifrigstes Anliegen. Darum segnete Gott ihn auch mit dem, was ihn am meisten freute; er durfte viele zum Heiland führen und selbst immer mehr für den Himmel reifen.

In Kannanur konnte Hebich mit seinem mangelhaften Kanaresisch nichts ausrichten. Darum zog er sich Dolmetscher heran. Da war es im Anfang ein achtzehnjähriger Negerjüngling Krischna, den er taufen durfte und der ihm viel Freude machte. Da dieser auch des Englischen mächtig war, gewöhnte er sich nach und nach an Hebichs Ausdrucksweise und wurde so „sein Mund". Später verfügte er über mehrere solcher Gehilfen. Eine Malajalamschule, die dieser Krischna (den Hebich in Timotheus umgetauft hatte) eröffnete, füllte sich bald mit 100—150 Schülern, durch die eine Eingangstür zum Volk des Landes geschaffen wurde.

Gleich die erste Ansprache Hebichs auf dem Basar in Kannanur bewog einen Palmbauer, in das Missionshaus zu kommen, wo er ihm das Wort Gottes noch ausführlicher ans Herz legte. Er entschloß sich, im Missionshaus zu wohnen und regelmäßigen Taufunterricht zu empfangen. Nach einigen Tagen erschien seine Frau mit zwei schönen Kindern, um ihn nach Hause zu holen. Sie wurde freundlichst eingeladen, zu bleiben und eine Jüngerin Jesu zu werden; aber sie wies den Antrag mit Hohn zurück. Als ihr Mann nicht mit ihr gehen wollte, kam die Frau nach einigen Tagen wieder; hierauf kamen zwei Freunde des Mannes in derselben Absicht. Einer, ein boshafter Mann, wurde gleich fortgeschickt, und der andere folgte ihm. Hebich schreibt darüber: „Da die Zeit für das Predigen auf dem Basar nahte und die Katechisten sich in meinem Gemach zu Gesang und Gebet versammelten, so wünschte der Mann, auch daran teilzunehmen. Während wir ein Lied sangen, kam jener Boshafte zurück, nahm seinen vormaligen Freund beim Arm und versuchte, ihn aus dem Zimmer zu ziehen. Ich zeigte ihm jedoch einen anderen Weg und schickte ihn vor die Tür. Als alle diese Versuche fehlschlugen, kamen Briefe mit der Nachricht, eines seiner Kinder sei sehr krank. Der gute Mann ging ohne mein Vorwissen, um sein Kind zu besuchen. Er hatte sogleich zurückkehren wollen, ließ sich aber mehrere Tage nicht sehen. Ein Katechist, der nach ihm geschickt wurde, kam mit der Kunde zurück, seine Leute ließen ihn nicht mehr aus dem Haus.

Ich beschloß, ihn selbst zu holen, und ging Sonntag morgens 6 Uhr hin. Als ich zum Haus kam, fand ich die Tür offen und ihn an der Seite seiner Knaben schlafen. Ich weckte ihn und fragte, ob er mitgehen wolle. ‚Ja', antwortete er. — ‚So folge mir schnell.' Jener feindselige Mann zog gerade Wasser aus dem Brunnen, als wir das Haus verließen. Er eilte herbei und suchte ihn aufzuhalten. Die Frau stand da und sah sprachlos zu. Die Füße des Mannes waren wie gelähmt; er folgte mir langsam. Jetzt sprang die Frau zu den Nachbarn und schrie: ‚Männer, kommt! Helft mir!' —

In wenigen Minuten sahen wir uns von einem Volkshaufen umdrängt, worunter mehrere Palmbauern mit langen Messern an der Seite waren. Sie wurden zurückgehalten; aber nun trat die Frau herzu, umarmte ihren Mann und wollte ihn nicht gehen lassen. Was war zu tun? Ich fragte den Mann, ob er mir zu folgen wünsche, und er antwortete abermals mit Ja! Es war ein herzzerreißender Anblick, der mich an das Wort des Herrn erinnerte: ‚So jemand zu mir kommt und hasset nicht seinen Vater, Mutter, Weib, Kind, Bruder, Schwester, auch dazu sein eigen Leben, der kann nicht mein Jünger sein.' Der Haufe und der Tumult wuchs. Ich hielt es für das klügste, diesmal nachzugeben, und die Leute brachten ihren Gefangenen unter Hohngelächter in das Haus zurück. Indessen sagte dieser allen Leuten beständig: ‚Ich bin entschlossen, ein Jünger Jesu zu werden, und ihr werdet mich davon nicht abschrecken', so daß nach einiger Zeit der Widerstand gegen ihn erlahmte. Er entrann und wurde ein Vierteljahr später mit noch 14 anderen Erwachsenen getauft, die durch die Basarpredigt gewonnen worden waren. Dieser Juda, wie er dann hieß, blieb ein stiller Mann, der bis an sein Ende der Lehre Jesu durch seinen Wandel Ehre machte. Aber seine Frau konnte er nicht zum Nachfolgen bewegen."

Diese Geschichte zeigt, wie schwer es für einen Heiden ist, der Sklaverei der Kaste zu entrinnen, und wieviel Geduld und Mut Hebich brauchte. —

Daß dem Herrn Jesus die Starken zum Raub werden sollen, hat der treue Gottesmann reichlich erfahren dürfen. Er lebte in Jesus, darum durfte er auch so oft Zeuge der wunderbaren Taten seines Meisters sein. Er hat es erfahren, daß dem Heiland, der ihn ausgesandt hatte, das Evangelium zu predigen, alle Gewalt gegeben ist.

Nach seiner Rückkehr nach Zürich im Jahre 1860 erzählt Hebich selbst einmal: Vor einigen Jahren gaben die Offiziere von einem unserer Regimenter in Indien ein Essen, bei dem ich als Kaplan gegenwärtig war. Ein noch ganz junger Offizier, Leutnant Parker, der seine Zunge sehr mit Wein geölt hatte, fing an, ziemlich wild zu reden und hatte es darauf abgesehen, sich über mich lustig zu machen. Er bildete sich ein, sehr klug zu sein, und meinte: „Pastor, Sie wissen selbst, daß das nicht wahr ist, was Sie predigen. Es gibt keinen Gott. Es gibt keine Seele. Es gibt kein Jenseits. Alles ist Stoff, und Stoff ist alles. Ob wir stehen oder fallen, hat alles nichts zu sagen.“

Ich ließ den jungen Mann reden und schenkte ihm keine Beachtung, aber er wollte disputieren und streiten und wurde sehr laut. Zuletzt, um ihm die Albernheit solchen Redens klarzumachen, stand ich, ohne ein Wort zu sagen, von der Tafel auf, nahm meinen Stuhl, hob ihn auf, legte ihn auf den Fußboden und stellte ihn dann wieder auf die Beine. Dann ging ich hinüber zu dem Offizier, und ohne ein Wort zu sagen, nahm ich ihn in meine Arme, legte ihn auf den Rücken und stellte ihn dann wieder auf seine Füße. Das machte ihn natürlich furchtbar wütend. Er zog seinen Degen und versuchte, einen Streich nach mir zu führen, um diese gemeine Beleidigung zu rächen. Die anderen Offiziere verhüteten aber Blutvergießen. Als sich alle wieder beruhigt hatten, sagte ich: „Meine Herren, Leutnant Parker wünschte eine Auseinandersetzung mit mir, und ich habe ihm nun geantwortet. Er sagt, ein Mensch sei nur eine Sache wie ein Stück Holz oder ein Stein. Wenn das wahr ist, wie kann er sagen, daß ich seine Ehre angegriffen habe durch meine Tat? Ich hob den Stuhl auf, legte ihn auf den Fußboden und stellte ihn dann wieder auf die Beine. Der Stuhl wurde nicht zornig darüber und protestierte auch nicht, sondern ließ mich gerade mit ihm tun, was mir gefiel. Wenn dieser junge Mann keinen Geist hat und nur eine Sache ist, warum sollte er protestieren und zornig werden, wenn ich ihn so behandle wie den Stuhl? Ich denke, er meint jetzt freilich nach allem doch, daß er einen Geist hat; warum ist er sonst noch so unwillig? Eine Sache kann nicht unwillig sein und keine Beleidigung rächen!"

Auf diese handgreifliche Erklärung hat der junge Offizier keine Antwort geben können. Er ging heim und dachte dieser zeitgemäßen Lektion über die Täuschung des Materialismus, die ihm der alte Lehrer gegeben hatte, nach und kam dann bald zu der Erwägung: „Wenn ich eine Seele habe, was muß ich tun, daß sie gerettet wird? Sie ist unsterblich; wo werde ich die Ewigkeit zubringen?" Er ging zu Hebich und suchte und fand Licht in Jesus und wurde ein demütiger Nachfolger des Herrn, der auch ihn gerettet hatte und ihn gerufen mit einem heiligen Ruf, nicht nach unseren Werken, sondern nach seinem Vorsatz und der Gnade, die uns gegeben ist in Christus Jesus vor der Zeit der Welt, jetzt aber offenbart durch die Erscheinung unseres Heilandes Jesus Christus, der dem Tod die Macht genommen hat und das Leben und ein unvergänglich Wesen ans Licht gebracht durch das Evangelium (2. Tim. 1, 9. 10).

Am 14. September 1857, dem Jahr des schrecklichen Aufruhrs in Indien, lag dieser junge Offizier während des Sturms auf Delhi zum Tod verwundet in einem Laufgraben vor der Stadt. Ein Kamerad beugte sich über ihn, als er nahezu verblutet war. Mit Mühe zog der sterbende Mann sein Notizbuch aus der Tasche, reichte es dem Freund und sagte: „Bitte, sende es meiner lieben, betenden Mutter in England mit der Versicherung der herzlichsten Liebe ihres einzigen Sohnes. Sage ihr, daß ich im festen Glauben an Jesus, meinen Heiland und Herrn, sterbe. Und dann habe ich noch einen Wunsch: Sende herzliche Grüße und meinen Ausdruck größter Hochachtung an Herrn Hebich und sage ihm, daß ich es ihm mit meinem letzten Hauch danke, daß er mich zur Erkenntnis Jesu gebracht hat!" –

Bei der oft ungestümen und unvermittelten, fast

überrumpelnden Art, in der Hebich die Leute anzufassen pflegte, und unter dem Eindruck seiner energischen Buß- und Erweckungspredigt kann es kaum wundernehmen, wenn in seinem Wirkungskreis auch zuweilen außergewöhnliche Erscheinungen zutage traten.

Daß während des Gottesdienstes oft eine ganze Anzahl Leute in Weinen ausbrach, war nichts Seltenes. Es kam aber zu noch heftigeren seelischen Erschütterungen und zu freiwilligen Sündenbekenntnissen. Das Jahr 1847 war in dieser Beziehung ein besonders denkwürdiges. In Tschirakal kommt eines Tages ein bis dahin hart und unempfänglich gebliebener junger Mann, um dessen Bekehrung Hebich schon wiederholt öffentlich gebetet hatte, zu ihm und bekennt ihm seine Sünden. Der ganzen Gemeinde wurde davon in der Versammlung Mitteilung gemacht. — Acht Tage später kommt ein anderer — Daniel — auf Hebich zu mit den Worten: „Wehe, wehe mir! Wo soll ein solcher Sünder, wie ich bin, hin? — Ich bin verloren! Ich habe den Herrn verworfen, ich habe seinen Knecht verachtet, verhöhnt, verspottet und nachgeäfft. Ich habe im Haus Gottes gestohlen, Unreinigkeiten getrieben, gelogen; wehe mir! Ja, ich habe gesagt: Jesus ist nicht, und was die Padres lehren, ist Betrug!" Hebich nahm ihn zu sich und ließ ihn ruhig seine Sünden der Reihe nach bekennen und wies ihn dann auf das Lamm Gottes hin, das der Welt Sünde trägt. Er konnte im Glauben zu der Gewißheit der Sündenvergebung kommen; ihm folgte bald darauf sein jüngerer Bruder mit ähnlichen Bekenntnissen. Sie bekannten beide auch vor der Gemeinde ihre Sünden und ihren Glauben, was bei allen Zuhörern eine tiefgehende Wirkung hervorbrachte.

Während einer Predigt in Kannanur über den Text: „Ich sehe aber an den Elenden und der zerbrochenen Geistes ist und der sich fürchtet vor meinem Wort", zusammen mit der Verkündigung Christi aus der Leidensgeschichte, offenbarte sich der Herr in wunderbarer Weise. Mächtig rief er allen Sicheren zu, die Wahrheit nicht länger durch Lüge aufzuhalten. Da konnten bald Braune und Weiße dem Drang nicht widerstehen, ihre Sünden zu bekennen, einige mit lautem Geschrei, andere im stillen; die europäischen Brüder in ihren Gebetsversammlungen unter sich, die Braunen mehr vor dem Missionar, zu dem sie sich nun in Haufen drängten. Es schien, als öffne sich plötzlich ein Weg, all die alten Bürden loszuwerden und durch Annahme der dargebotenen Gnade sich zu erneuern.

In dieser Erweckungszeit, die er 1847 erlebte, ritt er eines Tages nach Fahy, einem Fischerdorf, seine Seele war voll heiligen Feuers. Als er ins Dorf kam, rief er allen zu: „Tut Buße! Tut Buße! Tut Buße! Der Tag des Herrn ist nahe!" Der Eindruck dieser Botschaft war überwältigend. Nicht einer von den Leuten wagte aufzuschauen, das Schweigen Gottes lag auf uns allen. Als er ins Missionshaus kam, rief er aus: „Wer will Buße tun?" Und siehe, alles Volk kam gebeugt zum Missionar, sie bekannten ihre Sünden und beteten um Vergebung, beide, Alte und Junge, ja kleine Mädchen, fünf oder sechs Jahre alt, waren unter den Bußfertigen.

Doch blieb er demütig in allem und sah in dem Anfänger im neuen Leben noch nicht den vollendeten Sieger vor dem Thron Gottes. In heiliger Treue ging er mit den Bekehrten um. Diese Zeit war ihm und den Brüdern deshalb auch so wichtig, weil sie durch alle die scheußlichen Sünden, die ihnen bekannt wurden, das Reich und die Macht Satans besser kennenlernten.

Als das Wort Gottes an etlichen höherstehenden Leuten gewirkt hatte, sagte er: „Aus den Bekehrungen solcher hohen Kastenleute wird leider gern ein großes Geschrei gemacht. Das können die armen Seelen nicht vertragen und müssen es dann hart büßen."

Hebich war demütig und gab Gott die Ehre. Er bespiegelte sich nicht in seinen Erfolgen, sondern sah immer wieder vorwärts, wo noch so unendlich viel zu tun war. Er zählte nicht die Geretteten, sondern dachte mit tiefem Schmerz an die, die noch draußen waren. Darum konnte Gott ihm auch viel anvertrauen. Seine Biographen füllen ganze Seiten voll kurzer Berichte über Leute, die durch seine treue Arbeit zu Gott gekommen sind. Einige dieser Berichte aus Mangalur und Frenchrocks lauten:

Ein Leutnant war wegen Trunksucht entlassen worden; den konnte er in seiner Demütigung für den Herrn gewinnen, wenn es auch durch Schwankungen ging, und fand dadurch einen segensreichen Eingang bei anderen Offizieren. Die erste Dame der Westküste wurde zur Erkenntnis ihrer Selbstgerechtigkeit gebracht und demütigte sich vor Gott.

Dann erkrankte der Regimentsarzt, den Hebich wegen seines Fußübels einigemal besucht hatte. Dieser Dienst ließ sich nun erwidern, und so oft auch der Padre abgewiesen wurde, er kam immer wieder. Eines Abends bemerkte der Kranke, er sei zu schwach zum Reden, fragte aber, als Hebich schon gehen wollte: „Gibt es eine Hölle?"

„Wenn Gottes Wort nicht lügt, gewiß", wie sich durch die schlagendsten Schriftstellen beweisen ließe.

Darauf wurde Hebich sechsmal nicht zugelassen. Das siebte Mal hieß es: „O ich bin kein so großer Sünder, daher hoffe ich auf Gnade."

Hebich erwiderte: „Ich aber bin ein so großer Sünder, daß ich ohne einen Erlöser in die Hölle gehen müßte."

Da öffnete der Kranke seinen Herzenszustand, und das Eis war gebrochen. Schon am anderen Tag rief er aus: „Ich schwarzer Sünder! Fast ist es mir zu spät!" Aber mit Lob und Dank für die Langmut Gottes, die auch ihm einen Heiland geschenkt, durfte er hinscheiden. –

In Frenchrocks weilte ein ihm von Mangalur her bekanntes Regiment, dessen Oberst ihn mit Freuden aufnahm. Er predigte von Haus zu Haus. Ein Artillerieoffizier mit seiner Gattin wurde gläubig; ein Leutnant, der um Hebichs willen hergereist war, schien nach zweistündiger Unterredung tief bewegt, konnte sich aber nicht aussprechen, bis er abends an der Offizierstafel mit seinen Gedanken ins reine kam und zu Hebich, den er zum Nebensitzer erwählt hatte, sagte: „Jetzt glaube ich an den Herrn Jesus, und alle meine Sünden sind mir in ihm vergeben. Aber wie lange habe ich ihm widerstanden!"

Eine Stunde darauf reiste der junge Mann ab; Hebich aber hatte ihm nach einigen Tagen nachzureisen, um neuaufsteigende Zweifel zu beseitigen. –

In einer Dezembernacht 1852 trieb Hebich einen Hauptmann so in die Enge, daß er – bisher der Stolz des Regiments durch allerhand Tugenden – nun Jesus als seine einzige Gerechtigkeit ergriff.

Ihm folgte bald ein Freund, ein lebensvoller, von Witz und Geist übersprudelnder Ire, Archibald Kerr. Niemand konnte wie er jeden Dialekt aufs täuschendste nachahmen, das Charakteristische an jeder Erscheinung so treffend bezeichnen, Porträts und Karikaturen so leicht hinwerfen – mit etlichen Schnitten verwandelte er den Knopf eines Stocks in den überaus kenntlichen Kopf irgendeines Kameraden –, dabei die Gutmütigkeit selbst, aber schwer belastet mit einer geisteskranken Frau. Wie dieser Ire das erstemal auf dem Paradeplatz des Regiments Kricket spielte und Hebichs groteske Gestalt vorüberreiten sah, warf er sich geradezu ins Gras und schwang die Füße in die Luft, um sich recht auszulachen. Dennoch hatte er tiefe geistige Bedürfnisse, und während er sich streng zu seiner Kirche hielt und seinen Dienstboten verbot, Hebich je ins Haus zu lassen, versuchte er doch bald, ob sich von den Gliedern der Gemeinde Hebichs nicht irgend etwas lernen ließe.

Es dauerte nicht sehr lange, da hatte Hebich auch diesen übermütigen Hauptmann in seinem Netz. Er entschied sich offen für Jesus, wenn auch nicht ohne vorhergegangene heiße Kämpfe. Diese letztgenannten Männer gehörten dem Regiment an, als dessen Chef Hebich scherzweise bezeichnet wurde.

Freilich sind diesem sieggewohnten Waffenträger Christi auch allerlei Enttäuschungen nicht erspart geblieben. Doch behielt er den Kopf oben und behauptete immer das Feld. In einem Bericht bemerkte er: „Im Gemeindlein geht es oft gar armselig zu, wie es bei Kindlein zu gehen pflegt; das eine fällt, das andere steht wieder auf; jener ist hartnäckig, dieser beugt sich nieder. Aber mitunter offenbart sich auch unter uns die Herrlichkeit des Sohnes Gottes voller Gnade und Wahrheit. Alle, die ich früher ausgeschlossen habe, sind reumütig zurückgekehrt, bis auf einen, der davonlief. Die meisten kommen aus der Trunkenheit heraus, da will nun der Teufel den und jenen zum alten Kot zurückführen; ein paar hinken. Jetzt, im Monsun, kommen nur die fleißigeren zum Gottesdienst, so muß ich bei den anderen in allem Regen herumlaufen, daß ich zu keiner Ruhe komme."

Über die Standhaftigkeit der Bekehrten Hebichs äußert sich J. Bösinger, der erste Missionskaufmann der Basler Mission, daß der größte Teil sich als treue Christen bewies, von denen viele ausgezeichnete Seelengewinner geworden seien.

Die Geschichte eines helleuchtenden Sterns in der Krone dieses Lehrers der Gerechtigkeit möge noch folgen:

Einen Soldaten, der zu Hebich in die Kapelle gekommen war, lud er zwei Tage danach ein, in sein Haus zu kommen, wo er ihm sein geliebtes Herzbüchlein erklärte. Als er da des Menschen natürliches Herz sah, so lebendig geschildert, sagte er: „Alle diese Tiere wohnen in meinem Herzen!" Von diesem Tag an hatte er beständig das Bild seines bösen Herzens vor Augen und des Teufels Menagerie darin. Dies bereitete ihn zu, sich zum Heiland zu wenden und ihn zu bitten, sein Kreuz in seinem Herzen aufzupflanzen, damit der Satan entthront würde und nur Jesus und sein Heiliger Geist ihn noch regiere. Er erzählt:

Missionar Hebich predigte über Galater 3, 1: „O ihr unverständigen Galater, wer hat euch bezaubert? Welchen Christus Jesus vor die Augen gemalt war, als wäre er unter euch gekreuzigt!" Er sagte, daß Paulus zu seiner Zeit den gekreuzigten Christus den Galatern vor die Augen gemalt hätte, und so wolle er ihn nun auch darstellen. Dann zeigte er mit seinem Finger in die flache Seite seiner Hand und sagte: „Hier in dieser Hand war ein Nagel, und auch in dieser Hand war ein Nagel, und in jedem Fuß war ein Nagel, und so hing er am Kreuz!" Dabei breitete er seine Arme aus in der Gestalt des Kreuzes und stand so da, bis er plötzlich seine rechte Hand über die Zuhörer ausstreckte und, mit dem Finger auf mich zeigend, sagte: „Du bist der Mann! Deine Sünden haben ihn ans Kreuz genagelt!" Mir war zumute wie einem Mann, der sein Todesurteil hört. Mein Eindruck war: Hebich spricht zu mir. Ja, ich bin der Mann, meine Sünden haben ihn ans Kreuz gebracht. O Gott, erbarme dich meiner! Ich bin ein Sünder! In diesem Augenblick öffnete mir der Herr die Augen, so daß ich mit Freuden auch sehen konnte: „Das Haupt, das einst mit Dornen ward gekrönet, ist nun gekrönt mit Herrlichkeit!" Und diese Herrlichkeit ist, daß er vollkommene Sünder annimmt, wie ich einer bin. Ich sah meinen vergebenden Heiland am Kreuz. Voll Freude und unaussprechlicher Dankbarkeit kehrte ich nun in meine Baracke zurück, und wohin ich auch blickte in jener Nacht: überall sah ich meinen vergebenden Heiland am Kreuz! –

Jener Mann, Charles Stocking, wurde ein sehr entschiedener Jünger Jesu und hat als Waffenträger seines Heilands die Fahne des Kreuzes hineingetragen in die Finsternis des Heidentums und treu und demütig 38 Jahre lang Seelen für seinen Herrn geworben, bis seine Hand am Schwert erstarrte. Mitten in der Arbeit für Jesus begriffen, wurde er plötzlich zum großen Appell gerufen. Als er eines Morgens aufstehen wollte, fühlte er den Tod nahen. Er setzte sich im Bett aufrecht und sang dann noch einmal das Gebet seines Lebens:

Jesus, Heiland meiner Seele,
laß an deine Brust mich fliehn,
da die Wasser näher rauschen
und die Wetter höher ziehn.

Birg mich in den Lebensstürmen,
bis vollendet ist mein Lauf,
führe mich zum sichern Hafen,
nimm dann meine Seele auf!

Frau und Kinder in herzlicher Liebe ermahnend, dem Heiland zu folgen, ist er sanft eingeschlafen, während Missionare und Soldaten um sein Bett knieten und beteten. – Beide, Samuel Hebich und Charles Stocking, haben sich längst wieder getroffen „an der Quelle licht und schön" – o welch Wiedersehen muß das sein! –

Doch um dies Kapitel zu vervollständigen, noch folgendes Bekenntnis des Unermüdlichen: „Am 13. Oktober 1855, morgens 6 Uhr, waren es 21 Jahre, daß ich in diesem Land bin. Mit so viel Zeit hat der englische Soldat ausgedient und kriegt seine Pension. Nach dieser sehne ich mich wirklich nicht, aber danach: ihm zu gefallen und womöglich ihm noch Seelen zu gewinnen, für die er so hart gearbeitet hat. Ewig Dank ihm, daß er mir aus Gnaden erlaubt hat, ihm so lange mit ununterbrochener Gesundheit zu dienen! Einem weltlichen Herrn so lange zu dienen, macht stolz; aber dem himmlischen, dem guten, dem heiligen so lange zu dienen, macht sehr arm und beschämt, nach seinem Wort: Wenn ihr alles getan habt, was euch befohlen war, so sprecht: wir sind unnütze Knechte. Ach, warum das? Ei, weil er alles tut in seinen Knechten, was gut ist; das Böse aber tut der Knecht aus sich selbst, was doch in so vielen Jahren gewaltig viel ist."

Wieder in der Heimat

25 Jahre hat Hebich in Indien, dem Land seiner Wahl und seiner Liebe, zugebracht. Nach einem letzten Besuch auf den Blauen Bergen reiste er nach Madras, wo er am 18. September 1859 den Dampfer bestieg.

Die Heimreise verlief ohne Zwischenfälle. Er zeugte unterwegs von seinem Herrn und suchte besonders Missionsinteresse zu wecken. Am 27. Dezember 1859 traf er im Missionshaus in Basel ein. Es war manches anders geworden in der Heimat. Sein Mütterlein traf er nicht mehr an. Sie war ein Jahr zuvor im 86. Jahr entschlafen, auch zwei seiner Brüder lebten nicht mehr. Er fragte sich, ob er bald zu seinen Vätern versammelt würde. Aber Gott hatte noch mancherlei für diesen treuen Knecht zu tun, dem er so viel anvertrauen konnte. Acht volle Jahre gnadenkräftiger Tätigkeit waren ihm noch beschieden in der Heimat.

Er nahm sich keine Zeit zum Ausruhen und zum

Einleben in die neue Welt, die das Heimatland ihm geworden war. Er machte Besuche von früh bis spät und hielt Vorträge in Stadt und Land. Es dauerte nicht lang, bis sich die Zeitungen mit ihm beschäftigten. Der Zudrang zu seinen Versammlungen war ungeheuer, und seine Unterredungen mit einzelnen, z. B. mit den Metzgerknechten im Schlachthaus zu Basel, wurden Stadtgespräch.

Wie es ihm in der Leonhardskirche erging, führten wir schon zwei Kapitel zuvor aus. Man hielt es für möglich, daß Hebich unter Landleuten vortrefflich wirken möge, während die Form oder vielmehr die Formlosigkeit seines Vortrags Gebildeten anstößig werden müsse. Dennoch hielt er auch in Stuttgart 15 Vorträge in einer Kirche, die mit solcher Aufmerksamkeit gehört wurden, daß die meisten diensttuenden Personen nachher ihren Lohn zurückgaben, weil sie an den Vorträgen sich satt gegessen hätten. In einem Tagblatt wurde geklagt, daß auch Damen seiner Predigt zufielen; „die junge tanzende Männerwelt sollte ein Veto einlegen". Ein Dorfpfarrer aber bekannte: „Was Hebich von Sünde und Gnade predigte, hat mehr gewirkt, als ich in Jahrzehnten auszurichten vermochte."

In dieser Zeit war es, daß er auch in der Familie des späteren Inspektors der Chrischona bei Basel einen entscheidenden Einfluß ausübte. Im Lebensbild dieses Gottesmannes schreibt dessen Gattin:

„Das Jahr 1859 sollte für den ganzen Kreis (der Familie Rappard) ein bedeutungsvolles werden. Von Indien her, wo er 25 Jahre ununterbrochen im großen Segen gewirkt hatte, war in jener Zeit Missionar Hebich nach Europa zurückgekehrt und hielt in manchen Städten Süddeutschlands und der Schweiz erweckliche Vorträge, die großen Eindruck machten und für viele Menschen ein Wendepunkt zum ewigen Leben wurden. So kam er auch nach Schaffhausen. Vater Rappard blieb zuerst fern; aber als er durch eine seiner Töchter hörte, was da gesprochen werde, gewann er Zutrauen und besuchte mit den Seinen die Versammlungen. Hebichs Ansprachen waren voll Geist und Leben, und seine Verkündigung von der Gnade fiel auch in der Rappardschen Familie auf ein wohlzubereitetes Erdreich. Einen großen und unerwarteten Segen empfing damals Vater Rappard selbst. Er erkannte, daß in der Abgeschlossenheit, die er für nötig gehalten hatte, eine große Gefahr liege, und dem Einfluß Hebichs ist es wohl vornehmlich zuzuschreiben, daß er am Schluß dieses Jahres mit seiner Familie die sonntäglichen Gottesdienste in der Kirche wieder zu besuchen begann und sich überhaupt an andere Gotteskinder enger anschloß."

Hebich war in der Folge mehrmals zu Gast in der Familie auf Iben. Von einem solchen Besuch erzählt ein Freund: „Es war sehr interessant, die beiden ehrwürdigen Männer, Rappard und Hebich, zu hören, die in manchen Punkten über die christliche Lehre und Kirche so verschieden dachten. Hebich hielt täglich zwei bis drei Stunden dauernde Morgenandachten und erklärte aus dem Evangelium Johannes und dem Römerbrief mehrere Kapitel. Er fühlte sich offenbar so recht wohl unter seinen Zuhörern und ließ seiner Rede freien Lauf. Es fiel manch derbes Wort, und durch seine reichen Erfahrungen in Indien und Europa erhielten die Schriftworte eine oft eigentümliche, aber köstliche Beleuchtung.

Auffallend war neben dem Ernst und der Schroffheit seiner Gedanken bei den Andachten seine Heiterkeit im Umgang. Auf den Spaziergängen am Nachmittag konnte er mit den Töchtern Rappard so freundlich und scherzhaft sein, daß es mir einmal vorkam, es sei zuviel. Was geschah? Bei der Abendandacht sagte Hebich: Er müsse um Verzeihung bitten, er habe heute seinen alten Menschen spazierengeführt, und das tue ihm herzlich leid. Dabei liefen ihm helle

Tränen aus den Augen, und im Gebet beugte er sich sehr vor seinem Gott und Heiland. Dieses Bekenntnis gab wieder volle Achtung und Vertrauen."

So arbeitete der schier unverwüstliche Knecht des Herrn fort zur Ehre seines Meisters und zum Heil mancher Seele. Es mag manches beanstandet werden in seiner Art, aufzutreten und mit den Leuten umzugehen, aber seine Fußspuren trieften doch von Segen. Ungezählte Geschichten werden noch heute erzählt, wie er besonders einzelnen zum Segen wurde. Dem Schreiber dieses Buches erzählte eine Missionarin aus einem Bibelhaus:

Eine liebe Christin lud einmal eine bekannte Dame ein, um mit ihr den vielbesprochenen Hebich zu hören. Sie selbst kannte ihn und versprach sich von seinem Zeugnis einen besonderen Segen für ihre unbekehrte Gefährtin. Wie erschrak sie aber, als sie mit dieser zusammentraf und sah, daß sie einen großen Federhut nach der neusten Mode auf ihrem Kopf trug. Sie fürchtete, der Hut würde bald das Ziel für Hebich abgeben, einige scharfe Pfeile persönlicher Bemerkungen auf die Besitzerin abzusenden. Doch diesmal kam es anders. Die liebe Schwester, die in wahrer Herzensangst in der Versammlung saß und immer wieder besorgt auf ihre Nachbarin schaute, wurde plötzlich auf ganz andere Weise erschreckt durch den Redner, als sie gefürchtet hatte, denn dieser sagte: „Da sitzt du nun und denkst immer an deine Nachbarin und hast Angst, daß sie eins wegkriegt wegen ihres großen Hutes, und denkst nicht daran, daß dir's auch not tut!" Im Innersten getroffen, beugte sie sich unter das Wort des Predigers und legte alles in des treuen Herrn Hand. Und sie hat recht daran getan, denn ihre Freundin bekehrte sich gründlich zu Gott. –

Hebich unternahm eine größere Reise nach Norddeutschland, namentlich in die Seestädte. Überall wirkte er erwecklich und im Segen.

Im Jahre 1862 ging er noch einmal nach London, um während der Ausstellung den Deutschen dort zu predigen. Er traf viele alte Freunde, vornehmlich aus Indien, und freute sich mit ihnen. Doch hatte ihn die Arbeit ziemlich angestrengt. Es stellte sich heraus, daß er nicht mehr nach Indien gehen könne. Diese Erkenntnis jagte dem alten Löwen zuerst einen gelinden Schreck ein. Wir lassen hier einen charakteristischen Brief folgen, den er aus Bad Mergentheim schrieb und der seine Pensionierung vom Komitee aus zur Folge hatte. Er schreibt: Ich habe mit Gottes Gnade in meiner jetzigen Badezeit aufs neue die fünf Bücher Mose gelesen. Nach meiner Bekehrung vor über 40 Jahren hatte ich den lieben Mann Gottes, Jakob, welcher ist Israel, wunderlich beurteilt in meinem Herzen über sein Gelübde: „So Gott wird mit mir sein und mich behüten auf dem Weg, den ich reise, und Brot zu essen geben und Kleider anzuziehen, so soll der Herr mein Gott sein!" Und am Ende seiner Wallfahrt gibt er Gott die Ehre: „Gott, der mich ernährt hat bis auf diesen Tag" usw. (1. Mose 48, 15). Ich stockdummer Mensch glaubte schon vor 40 Jahren weit über diese Jakobsherzbewegung hinweg zu sein! Und jetzt, nachdem er mich bereits 40 Jahre wunderbarlich ernährt (denn als ich in die Heidenwelt hinauskam, dachte ich, ich werde nichts mehr zu essen kriegen) und aus wie vielen Todesgefahren erlöst hat, jetzt erst, seit ich merke, daß meine Gesundheit wohl nicht mehr für die Heidenwelt hinaus paßt, plage ich mich in dem Gedanken: ob der Herr mich auch wohl im Alter ernähren könne!? Was wird aus dir werden, wenn du nicht mehr arbeiten kannst? Und du mußt erst *jetzt* im Alter deinen Vorwitz erfahren und sagen: Ich habe *nicht* verstanden, was Jakob derzeit sagte. Ach, der Unglaube, der abscheuliche Unglaube ist doch groß in meinem Herzen! Und wieviel andere Dinge sind in meinem Herzen aufgestiegen, irdische Gedanken, Sorge auf Sorge! – Solange ich in Indien war, dachte ich an all die Sachen *nicht*, ja sie kamen mir gar nicht in den Sinn, sondern ich dachte, bald mit seiner Barmherzigkeit in seine ewige Ruhe einzugehen! Das ist Samuel Hebich, der stockdumme Mensch! Der Herr erbarme sich über mich armen Sünder und helfe mir aus Gnaden aus, ins Leben, ins ewige Leben um seines heiligen Namens willen! Amen. – Tragen auch Sie mit mir; das Herz ist warm geworden, so kam's heraus! Was nicht drin ist, kommt nicht heraus. –

Der innigste Dank für alle während einer langen, tatenreichen Missionslaufbahn geleisteten Dienste begleitete den Pensionierungsbeschluß.

Die Sehnsucht nach Ruhe wurde nun doch recht stark in ihm. Und sein Meister, dem er so treu gedient, gab ihm auch Ruhe. Es wurde ihm bei Stuttgart von lieben Freunden ein kleines, schönes Haus zur Verfügung gestellt, in dem er seine letzten Tage beschließen konnte. Er freute sich in kindlicher Dankbarkeit über diese Güte seines Gottes. Das freundliche Heim lag an einem schönen Abhang in unmittelbarer Nähe von Stuttgart. Er hatte von seinem Fenster aus einen prächtigen Ausblick über die ganze Stadt und meinte öfters in seinem Glück: „Ich bin noch schöner einquartiert als der König selbst!" –

Als er nun sein eigen Häuslein hatte und in Deutschland wieder seßhaft geworden war, versuchten einige Freunde, ihn zu einer Heirat zu bewegen. Sie sagten zu ihm: „Es ist nicht gut, allein zu sein für einen Mann, wie du bist. Du bist nicht mehr stark und brauchst jemand, der Tag und Nacht um dich ist, der für dich sorgt und dich liebevoll pflegt. Wir kennen eine Frau, eine energische, warmherzige Christin, die würde dir eine gute Gattin werden."

Nach vielem Zureden ging Hebich schließlich zu der Wohnung der Betreffenden, und ohne irgendeine Einleitung fragte er sie beinahe barsch: „Willst du mich heiraten?" – „Nein, niemals!" entgegnete sie.

„Gut, das bringt die Sache in Ordnung. Wir wollen nicht weiter darüber reden!"

Er war sehr erfreut, daß dies das Ende aller seiner Eheaussichten war und daß er nun sein Leben in der Stille beschließen konnte. Aber ruhen konnte er noch nicht im Dienst seines Herrn. Er wirkte in Stuttgart noch in außerordentlichem Segen. Besonders junge Leute beiderlei Geschlechts suchten, durch ihn angeregt, den Herrn.

Doch er spürte auch die Abnahme seiner Kraft, darum machte er sein Testament. Da er kein elterliches Erbe angetreten hatte, hielt er es fürs richtigste, alles, was er besaß, dem Werk des Herrn in der Heidenmission zu überlassen. Für dieses mühte er sich auch bis in seine letzten Tage, um noch eine Stiftung zum Unterhalt von Reisepredigern in den verschiedenen indischen und afrikanischen Sprachgebieten zustande zu bringen. Unermüdlich aber fuhr er fort, in Sälen und Privathäusern Christus zu verkündigen und, wenn sich eine schöne Gelegenheit bot, auch wieder die Reisepredigt zu treiben. So trat er Ende 1866 nacheinander in 51 badischen Kirchen auf und erweckte an vielen Orten neues Interesse für die Mission auf dem allein richtigen Grund eines regen Interesses für das Heil der eigenen Seele.

Baron Julius von Gemmingen, der Leiter des Badischen Kolportagevereins, schreibt darüber: Wunderbar war es, wie der Herr ihm im rechten Augenblick das Herz und die Vergangenheit einzelner offenbarte, die Hebich dann in prophetischer Macht den Betreffenden vor Augen hielt. Im Herbst des Jahres 1867 durfte ich mit ihm eine Evangelisationsreise im Odenwald machen. Auf der Reise dahin stieg ein Offizier, der mit mir im selben Regiment gedient hatte, in das Abteil, in dem wir fuhren. Er war sehr redselig und erzählte, daß er, seit wir uns zuletzt gesehen, mehrere Schlachten mitgemacht habe, und kam in ein Sichselbstrühmen hinein. Ich bemerkte, wie Hebich ihn scharf ins Auge faßte, und als er wieder ein solches Bravourstückchen vortrug, stand Hebich auf, erfaßte meinen Kameraden an beiden Schultern und schüttelte ihn, durchbohrte ihn mit den Blitzen seiner Augen und donnerte ihn an: „Du Büble, du meinst, du seist der Held, und es ist doch nur des großen Gottes Gnade und Barmherzigkeit, die dich aus all diesen Gefahren errettet hat. Ich sage dir, wenn du deinem Gott nicht die Ehre gibst und ihn nicht suchst, so fährst du zur Hölle!" Während dieser Rede wurde mein Kamerad totenbleich und wagte kein Wort mehr zu sprechen; er war ein großer, stattlicher Mann, der unter anderen Umständen von seiner körperlichen Übermacht wohl hätte Gebrauch machen können. Merkwürdig war, daß, sobald Hebich den Mund auftat, die ziemlich laute Unterhaltung in den beiden Abteilen sich in Totenstille verwandelte; kein Mund verzog sich zum Spott, und alles lauschte, was der Knecht Gottes redete; aber mein Kamerad stieg schleunigst bei der nächsten Station aus. Ob er sich retten ließ, ist mir nicht bekannt geworden. –

Ein vornehmer Herr ließ nach einer Abendpredigt, die er indes nicht besucht hatte, Hebich bitten, zu ihm zu kommen. Nach den ersten Worten der Begrüßung stellte dieser sich vor jenen Herrn hin und hielt ihm seine groben Jugendsünden mit heiligem Ernst vor. Noch hatte er nicht geendet, da trat der Schwiegersohn des Hausherrn ein. An ihn wandte sich Hebich nun mit den Worten: „Und du, du hast es noch ärger gemacht", und erinnerte ihn an mehrere bestimmte Sünden. Nachdem er sie auf Jesus, das Lamm Gottes, hingewiesen, verließ er die Herren. Diese aber waren, wenigstens im Anfang, sehr erbost, dachten, ihr Pfarrer habe Hebich gewisse Mitteilungen gemacht, und dieser schuldigte den Lehrer B. von M. an, bei dem Hebich sein Standquartier hatte und wohin er jeweils wieder zurückkehrte. Jene beiden Herren aber sollen doch nicht nur einen gewaltigen Respekt vor dem furchtlosen Missionar, sondern auch einen Segen erhalten haben. –

Noch jetzt aber kann man die Gnadenspuren verfolgen, die die mächtigen Zeugnisse, besonders über den Römerbrief, zurückgelassen haben, die dieser Knecht Gottes auf einer Wanderung von einer Kirche zur anderen abgelegt hat.

Im Frühjahr des Jahres 1868 kam er zum letztenmal zu uns nach Watthalden. Kurz vor der Abendandacht wollte er eintreffen. Nachmittags arbeitete ein Schreiner T. in einem unserer Zimmer; dieser war früher in unsere Versammlungen gekommen und hatte einen glücklichen Hausstand gehabt. Doch verließ er die Gemeinschaft, ging abends wieder ins Wirtshaus, und wenn er nach Hause kam, behandelte er seine Frau oft sehr übel. Trotz aller Ermahnungen ließ er von diesem Leben nicht ab. Unsere jüngste Tochter, die nun schon seit 22 Jahren dem Herrn als Diakonisse dient, damals aber noch kaum recht sprechen konnte, kam zu ihm und sagte: „T., heute abend kommt Missionar Hebich; da mußt du auch kommen." T. errötete, doch antwortete er nicht. Die Kleine wiederholte eindringlich ihre Einladung und setzte ihm immer wieder zu: „T., du mußt kommen!" bis endlich der in die Enge getriebene Mann zu kommen versprach. „Also, du kommst ganz gewiß, T.?" Und wirklich war T. mit seiner ganzen Familie in der Versammlung. Man spürte die Gegenwart Gottes. Der Missionar, wie es seine Gewohnheit bei uns war, hielt die aufgeschlagene Bibel (die als teures Andenken in meinem Besitz ist) in seiner Linken und wandelte längs der Bänke. Bei dem Schreiner stand er still, und plötzlich unterbrach er sich selbst, sah T. durchbohrend an und sagte ihm: „Früher ist's mit dir besser gestanden. Du hast Gottes Wort in der Versammlung gehört und hast einen glücklichen Hausstand gehabt. Aber bekehrt hast du dich doch nicht. Du bist wieder ins Wirtshaus gelaufen, hast dein Geld vertrunken; statt daß du es deiner Frau gegeben hättest, hast du sie, du betrunkener Kerl, gehauen. Gott hat dich wieder hergeführt; jetzt *muß* es anders werden!" Dann verkündigte er die Macht der Liebe des Gekreuzigten. Zuerst war der Schreiner wütend, besonders über mich in dem Gedanken, ich habe es Hebich mitgeteilt. Nachdem er aber ruhiger geworden war, sagte er sich selbst, daß dies unmöglich gewesen sei, da der Missionar gerade vor der Versammlung eintraf und ich auch nicht wissen konnte, ob T. überhaupt sein Versprechen halten und kommen und noch weniger, wo er Platz nehmen würde. Die Folge aber war, daß in ihm eine große Veränderung vorging und er mit seiner Familie dem Herrn nachfolgte. –

Am 16. April 1868 schrieb Hebich den letzten Brief nach Basel, mit dem er wieder 368 Gulden sandte, die er für „die liebwerte Mission" gesammelt habe. Er sagte, es solle alles für eingeborene Reiseprediger sein, mehr wolle er bald selber bringen. Er erzählte von seiner Arbeit und gab seinen Reiseplan bekannt für die nächste Zeit, den er schloß mit: „Alles, so der Herr will."

Der Herr wollte anders. Am 6. Mai mußte er sich mit Leibschmerzen legen und fühlte bald, daß „seine Sache zu Ende sei". Er war voll Danks, daß seine Schmerzen nur das Fleisch treffen, der Geist sich aber seines Heilands freuen könne, der ihn 65 Jahre langmütig getragen und 47 Jahre herrlich geführt habe. Sein Indien konnte er nicht vergessen, in seinen Phantasien predigte er noch oft. Aber wie köstlich muß es für ihn gewesen sein, sein Leben so ganz dem Heiland geweiht zu haben!

Zwei Schwestern pflegten den alten Zeugen treulich. Am Samstagabend vor seinem Tod, als seine Freunde ihm die Füße wuschen, lächelte er und sagte: „Das sind liebe Füße. Sie haben Frieden gebracht in die Nähe und in die Ferne. Sie haben manchen langen Gang gemacht für den Herrn."

Am nächsten Tag, Sonntag, sagte er morgens zu denen, die bei ihm gewesen waren in der Nacht: „Welche Freundlichkeit von dem Herrn, daß er es euch ins Herz gegeben hat, für mich zu sorgen! Es ist Sonntag heute. Das ist der Tag der Ruhe. Ich bin bange, daß heute viel Besuch kommt, aber ich kann niemand empfangen. Wirklich, ich kann nicht! Das einzige, was ich brauche, ist Ruhe, Ruhe, die beste aller Gaben! Wir müssen Ruhe haben, nur heute Ruhe!"

Aber er mußte doch noch einige Zeit warten, bis er zur Ruhe eingehen konnte. Er litt bis zum nächsten Donnerstag. Aber er freute sich auch, solange er auf Erden weilte. Am Montag diktierte er noch einen Brief, den er mit eigener Hand unterzeichnete als „Samuel Hebich, ein Zeuge Jesu Christi".

Einige seiner geistlichen Kinder blieben bei ihm, und er freute sich an ihnen und mit ihnen ihres Heils. Am Himmelfahrtstag (21. Mai 1868) durfte auch er dann Himmelfahrt halten. Morgens um 3 Uhr öffnete er noch einmal die Augen und rief mit leuchtendem, triumphierendem Blick: „O denkt an Malabar!" Dann streckte er seine Arme aus und sagte: „Komm, komm!" – Langsam schlossen sich die Augen wieder, und ohne besonderen Kampf ging der treue Zeuge Christi ein zu seines Herrn Freude.

Weinend standen die Getreuen um die teure Leiche; aber im Himmel war wohl eitel Freude, als dieser Lehrer der Gerechtigkeit durchs Tor der Ewigkeit schritt, begrüßt von vielen, denen er den Weg des Lebens gewiesen hatte.

Seine Freunde sangen tiefbewegt an seinem Sterbebett:

> Frühmorgens, da die Sonn aufgeht,
> mein Heiland Christus aufersteht;
> vertrieben ist der Sünden Nacht,
> Licht, Heil und Leben wiederbracht.
> Halleluja!

Den müden Leib hat man in Korntal, nahe bei Stuttgart, zur Ruhe gelegt. Dort wollte er in der frohen Hoffnung der Auferweckung mit vielen Kindern Gottes der Auferstehung entgegenschlummern. Eine große Volksmenge stand um das Grab her, in das er mit einem kurzen Gebet gebettet wurde. Er wollte keinerlei Ansprache an seinem Grab haben. Aber welche gewaltige Sprache führten dennoch die vielen Tränen, die diesem Großen im Reich Gottes nachgeweint wurden, der so demütig war! –

Seine Arbeiter begräbt Gott, aber ihre Arbeit nicht. – Willst du nicht herzutreten, lieber Leser, und mit dem Propheten sagen: „Hier bin ich, sende mich!"?

Was gehen deine Füße für Wege? Kannst du, wenn du am Tor der Ewigkeit angekommen bist, mit Samuel Hebich sagen: „Ihr seid liebe Füße gewesen, ihr habt viele Gänge für Jesus gemacht" (Jes. 52, 7)?

Inhalt